Mein Garten-kochbuch

Saisonale Rezepte querbeet

Ulmer

Mein Gartenkochbuch

Saisonale Rezepte querbeet

INHALT

Sommerküche

Frühlingsküche

Herbstküche

Winterküche

VORWORT

Nach Jahreszeiten zu kochen liegt im Trend – wegen kürzerer Transportwege, der Frische der Produkte usw. Und wenn die verwendeten Zutaten aus dem eigenen Garten stammen, dann schmeckt es auch noch besser!

Obst und Gemüse selbst anzubauen findet wieder mehr Anhänger, zunehmend auch unter jungen Leuten, auf dem Land und immer häufiger in den Städten. Möglichkeiten zum Gärtnern gibt es viele, sei es im eigenen Garten, auf einem gepachteten Stück Acker, im Schrebergarten oder auf kleinstem Raum in Kästen oder Kübeln auf dem Balkon.

Doch was lässt sich anfangen mit den eigenen Ernteerzeugnissen, wie können Sie sie am besten direkt verarbeiten, lagern oder konservieren? Dieses Gartenkochbuch bietet Ihnen eine bunte, nach den Jahreszeiten geordnete Rezeptsammlung einmal quer durch's Beet. Auch finden Sie darin viele Ideen und Anregungen sowie Anbau-, Pflege- und Erntetipps zu zahlreichen Obst- und Gemüsesorten,

die in den Rezepten verwendet werden. Zusätzliche Themenkästen liefern Ihnen in jedem Kapitel interessante und wissenswerte Informationen zum gesundheitlichen Wert der Pflanzen sowie zahlreiche praktische (Küchen-) Tipps und originelle Ideen zum Thema „Kochen mit Kindern".

Auch das Gärtnern kommt nicht zu kurz: Viele Hinweise zum Anbau der Hauptzutaten ergänzen die Rezeptideen, außerdem widmen sich Sonderseiten aktuellen Gartenthemen wie Hochbeet, essbare Blüten, Wein kultivieren usw.

Bei der Auswahl der Rezepte wurde besonderer Wert darauf gelegt, dass sie große und kleine Hobbyköche für die gesunde Gartenküche begeistern und ohne großen Aufwand schnell und einfach zubereitet werden können. Deshalb sind sie für alle geeignet, die sich bewusst und saisonal ernähren möchten.

Guten Appetit!

Aus eigener Ernte

Erdbeeren im Winter, Trauben im Frühling, Tomaten das ganze Jahr hindurch – wir haben uns längst daran gewöhnt, immer aus dem Vollen schöpfen zu können und zu jeder Jahreszeit eine breite Palette von unterschiedlichsten Obst- und Gemüsesorten zu konsumieren, selbst solche, die gerade nicht Saison haben oder in unseren Breiten unter freiem Himmel gar nicht gedeihen.

FRISCHE, DIE MAN SCHMECKT

Seit einigen Jahren ist jedoch ein Umdenken zu beobachten, das eine neue Wertschätzung regionaler Produkte mit sich bringt. Und das nicht ohne Grund: Es gibt gute Argumente dafür, beim Kochen auf heimische, saisonale Obst- und Gemüsesorten zu setzen – am besten aus eigener Ernte.

Sich beim Genuss von Obst und Gemüse nach den heimischen Angeboten zu richten, hat viele Vorteile. Obst- und Gemüsesorten, die regional nach Saison angebaut, kultiviert und geerntet werden, sind frisch, aromatisch, nährstoff- und vitaminreich und

v. a. schmecken sie unvergleichlich gut. Nur solche Produkte, die genügend Zeit haben, optimal zu reifen – d. h. im Freiland bei ausreichend Sonnen- und Tageslicht –, weisen auch einen optimalen Gehalt an Vitaminen und sekundären Pflanzenstoffen auf, die für unseren Organismus so gesund und wichtig sind. Bei Produkten, die jenseits der Saison im Gewächshaus gezogen und häufig halbreif geerntet werden, ist der Nährstoffgehalt deutlich geringer. Hinzu kommt ein oftmals erhöhter Nitratgehalt, der auf vermehrten Einsatz von Düngemitteln zurückzuführen ist.

Sinne schärfen, bewusst geniessen

Wer sich also bei seiner Ernährung nach den Jahreszeiten richtet, verwöhnt nicht nur seinen Gaumen mit höchst aromatischen Geschmackserlebnissen, sondern versorgt auch seinen Körper mit den wertvollsten Nährstoffen.

Es ist erst wenige Jahrzehnte her, dass es zur Allgemeinbildung gehörte, zu wissen, was in heimischen Gärten zu welcher Jahreszeit wächst. In den letzten

Jahren ist das Interesse daran neu erwacht – viele Menschen beschäftigen sich ganz bewusst damit, welche Produkte wann aus heimischem Anbau verfügbar sind. Sie kaufen entsprechend ein – und nicht nur das: Viele probieren es auch wieder selbst im eigenen Garten aus. Obst und Gemüse selbst anzubauen liegt also voll im Trend. Nicht zuletzt deshalb, weil man bei Produkten aus eigenem Anbau ganz genau weiß, was man isst.

Auch Kinder sind mit etwas Anleitung und Unterstützung für das Gärtnern zu begeistern. Wie schön ist es doch zu sehen, wie im eigenen kleinen Beet nach der Aussaat die ersten Triebe aus der Erde spitzen, die nach und nach zu köstlichem Gemüse heranreifen, das man bisher nur aus dem Supermarkt kannte. Nicht nur für die kleinen Gärtner ist es spannend und lehrreich, ein Bewusstsein dafür zu entwickeln, welches Obst und Gemüse zu welcher Jahreszeit bei uns Saison hat, auch die älteren Generationen entwickeln dabei oftmals ein ganz neues Gespür für die Natur und ihre Schätze. Und seien wir doch mal ehrlich: Ist es nicht viel schöner, sich auf bestimmte Produkte zu freuen

und diese dann ganz bewusst zu genießen? Den Spargel im späten Frühling freudig zu erwarten und zu wissen, dass dann schon bald die aromatischen heimischen Erdbeeren heranreifen? Vom Sommer bis in den frühen Herbst hinein ein buntes und vielfältiges Obst- und Gemüseangebot für die unterschiedlichsten Gerichte im eigenen Garten zur Verfügung zu haben und sich dann schon wieder auf die darauffolgende Kürbis- und Weintraubenzeit zu freuen? Und im Winter die herzhaften Kohlgerichte zu genießen, die perfekt in die kalte Jahreszeit passen und Herz und Gaumen erwärmen?

WIRTSCHAFTLICHKEIT, UMWELTSCHUTZ UND NACHHALTIGKEIT

Selbst wer keinen eigenen Garten hat, sondern seine frischen Lebensmittel von Wochenmärkten oder aus dem Supermarkt bezieht, wird beim Einkauf feststellen: Saisonal einkaufen schont den Geldbeutel. Denn heimisches Obst und Gemüse ist aufgrund des großen Angebots zur jeweiligen Hochsaison deutlich preisgünstiger.

Außerdem haben Waren aus der Region den Vorteil, dass sie keine weiten Transportwege hinter sich haben und deshalb bei optimalem Reifezustand geerntet werden konnten. Darüber hinaus ist beim Kauf regionaler Produkte die Transparenz bezüglich der Herkunft größer. Und damit stehen die Chancen gut für ein echtes Vertrauensverhältnis zwischen Verbraucher und Erzeuger. Denn Obst und Gemüse von heimischen Bäumen und Feldern stehen für hohe Qualität und sind in der Regel deutlich weniger nitrat- und pestizidbelastet als entsprechende Waren aus südeuropäischen Ländern oder aus Übersee.

Nicht zuletzt spricht der Umweltgedanke für saisonale und regionale Produkte, denn beim Transport von Lebensmitteln kreuz und quer über den Globus werden enorme Mengen Kohlendioxid ausgestoßen, jenes Gas, das nachweislich den Treibhauseffekt auslöst und zur Erderwärmung beiträgt.

Kochen nach den Jahreszeiten lohnt sich also in vielerlei Hinsicht – dieses Buch bietet Ihnen eine Menge Anregungen dazu!

Frühlingsküche

Lust auf Kräuter, Rhabarber & Co.?

Jetzt wird's bunt!

Wenn die Natur nach der langen Winter-
pause wieder zum Leben erwacht und die
warmen Sonnenstrahlen die ersten grünen
Triebe aus der Erde locken, dauert es nicht
mehr lange, bis die erste Ernte aus den
Frühlingsbeeten ansteht.

Mit frischen Kräutern, zartem Gemüse und
Obst hält der Frühling Einzug in unsere
Küchen und zaubert farbenfrohe Köstlich-
keiten wie Salate, Suppen, Dips und leichte
Gemüsegerichte auf den Tisch.

Vor allem die Kräuterküche hat nun Hoch-
konjunktur. Mit Petersilie, Schnittlauch,
Kerbel, aber auch mit Wildkräutern wie
Löwenzahn, Bärlauch, Sauerampfer, Klee
und Brunnenkresse lassen sich viele
Gerichte im Handumdrehen würzen und
verfeinern – und gesund sind sie noch
dazu.

Auch das Auge isst natürlich mit: Blüten
von Gänseblümchen, Wiesenschaumkraut
oder Kamille bringen fröhliche Farbtupfer
in Salate und geben ihnen den letzten
Schliff.

Radieschen, Rettich und Mairübchen
stehen im Frühjahr wieder auf der
saisonalen Speisekarte, ebenso wie junger
Spinat, der frisch geerntet zu köstlichen
Salaten verarbeitet werden kann.

Zu den absoluten Highlights und Klassi-
kern der Frühlingsküche zählen Erdbeeren, Spargel und Rhabarber, die in allen
erdenklichen Zubereitungsvarianten die
leckersten Frühlingsmenüs liefern.

Blumenkohl, Kohlrabi und Champignons
können nun im Garten geerntet werden,
ebenso wie die zarten Holunderblüten,
aus denen mit wenig Aufwand köstlicher
Sirup und Gelee gewonnen werden können.

Mit dem Frühling halten auch wunderbare frische Kräuter Einzug in die Küche. Mit ihren unvergleichlichen Aromen verfeinern sie Salate, Suppen, Dips und zahlreiche weitere Gerichte – allen voran die traditionelle Frankfurter Grüne Soße.

FRISCHE FRÜHLINGSKRÄUTER

AROMATISCHES KRÄUTERDRESSING

Zutaten
für 6 Portionen
2 EL Balsamico-Essig
1 TL mittelscharfer Senf
3–4 EL Olivenöl
2 EL Wasser
1 Knoblauchzehe, zerdrückt
3–4 EL frische Kräuter fein gehackt (z. B. Petersilie, Schnittlauch, Kresse)
Salz, frisch gemahlener schwarzer Pfeffer

Zubereitung
〉 Alle Zutaten gut vermischen. Die frischen Kräuter am Schluss unterrühren.
〉 In einem gut verschlossenen Gefäß hält sich das Dressing im Kühlschrank ein paar Tage.

Das Kräuterdressing eignet sich für viele Salatvarianten, sowohl für Blatt- und gemischte Salate als auch für bunte Gemüsesalate. Bei der Kräutermischung kann man ganz nach den eigenen Vorlieben variieren – auch mit Minze und Basilikum schmeckt das Dressing köstlich.

Frankfurter Grüne Sosse

Zutaten

für 4 Portionen

1 Bd. Grüne-Soße-
Kräuter (Borretsch,
Kerbel, Kresse, Petersilie,
Pimpinelle, Sauer-
ampfer, Schnittlauch)
4 hart gekochte Eier
1–2 Zwiebeln
200 g Schmand
300 g Naturjoghurt
3 EL Milch
1 EL Senf
1 TL Zitronensaft
Salz
schwarzer Pfeffer, frisch
gemahlen
1 Prise Zucker

Zubereitung

> Die Kräuter waschen und trocken
tupfen.
> Die Eier in Scheiben oder Viertel
schneiden und die Zwiebeln fein
hacken.
> Schmand, Joghurt, Senf und Milch
vermischen, dann die Kräuter unterrühren und alles mit einem Pürierstab
pürieren, bis die Soße grün ist.
> Die Zwiebeln unterrühren und mit
Pfeffer, Salz, Zucker und Zitronensaft
abschmecken.

Variante: Die Eier können auch klein
gehackt zusammen mit den Zwiebeln untergehoben werden.
So wird die Soße noch etwas herzhafter.

Das schmeckt dazu: Die klassische Beilage zur „Frankfotter
Grie Soß" sind Pellkartoffeln, alternativ können aber auch frisches
Baguette oder Vollkornbrot gereicht werden.

VOLLES AROMA

> Frische Kräuter erst unmittelbar vor der
Verwendung zerkleinern, damit sich das
Aroma voll entfalten kann und die wertvollen Vitamine und ätherischen Öle
nicht verloren gehen.

> Zarte Kräuter wie Petersilie, Estragon,
Kerbel und Schnittlauch sollten beim
Kochen erst ganz am Ende der Zubereitung hinzugefügt werden. Dickblättrige
Kräuter wie Rosmarin, Salbei oder Thymian entfalten ihr Aroma auch, wenn
man sie einige Minuten mitgaren lässt.

> Frische Küchenkräuter haben ein so in-
tensives Aroma, dass man oftmals nicht
mehr allzu viel Salz hinzufügen muss.
Deshalb besser erst ganz zum Schluss
mit Salz abschmecken.

MAIRÜBCHEN

Sein Name ist Programm: Das Mairübchen hat ab Mai bis in den Juni hinein Saison in unseren Gärten. Mit seinen hellgrünen Blättern und der strahlend weißen bis violett gefärbten Knolle bringt es auch farblich den Frühling auf den Tisch.

GLASIERTE MAIRÜBCHEN

Zutaten
für 4 Portionen

4 mittelgroße Mairübchen
8–10 frische Rübchen-blätter
30 g frischer Ingwer
25 g Butter
1 Schuss Weißwein
1 EL Honig
Salz und Pfeffer

Zubereitung

› Die Mairübchen waschen, dünn schälen und in Viertelstücke schneiden.
› Die Blätter waschen, trocken tupfen und in feine Streifen schneiden.
› Den Ingwer schälen und fein hacken.
› Die Butter in eine Pfanne geben und die Rübchen und den Ingwer darin goldbraun anbraten.
› Mit dem Weißwein ablöschen, den Honig dazugeben und die Mairüb-chen karamellisieren lassen.
› Das Ganze mit Salz und Pfeffer ab-schmecken und vor dem Servieren mit den gehackten Blättern be-streuen.

ALLES ESSBAR!

Das Mairübchen – auch unter dem Namen „Na-vette" bekannt – ist von Kopf bis Fuß genießbar: Nicht nur die Knolle lässt sich roh, gebraten oder ge-kocht zubereiten, auch die Blätter sind überaus aro-matisch und gesund. Klein geschnitten verfeinern sie Salate und Dips. Sie können aber auch wie Spinat ge-dünstet und als Gemüse-beilage serviert werden. Am zartesten sind die Mairübchenknollen übri-gens bei einem Durchmes-ser von 5–10 cm.

ALTE KULTURPFLANZE AUS DER ANTIKE

Das ursprünglich aus Indien stammende Mairübchen zählt zu den Speiserüben und wurde schon in der Antike als wohlschmeckende Gemüsepflanze geschätzt. Bis die Kartoffel in Europa Einzug hielt und die kleine weiße Rübe immer mehr verdrängte, zählte sie hier lange Zeit zu den bedeutendsten Grundnahrungsmitteln. Mittlerweile ist das Mairübchen wieder häufiger in den heimischen Gärten zu finden und gilt mit seinem leicht süßlichen, an Rettich erinnernden Geschmack als besondere Delikatesse.

MAIRÜBCHENSALAT MIT JOGHURT-KRÄUTER-DRESSING

Zutaten

für 4 Portionen

3 mittelgroße Mairübchen
150 g Naturjoghurt
2 EL Crème fraîche
3 EL frische, fein gehackte Kräuter (z. B. Kresse, Dill und Schnittlauch)
1 Prise Zucker
1 TL Zitronensaft
Salz und Pfeffer

Zubereitung

〉 Die Mairübchen waschen, dünn schälen und in feine Streifen schneiden oder raspeln.
〉 Mit etwas Salz bestreuen, ca. 30 Min. ziehen lassen und die entstandene Flüssigkeit abgießen.
〉 Joghurt, Crème fraîche, Kräuter, Zitronensaft und Zucker verrühren. Alles unter die Mairübchen mischen und das Ganze zum Schluss mit Salz und Pfeffer abschmecken.

SPINAT

Im April beginnt die Erntezeit für jungen Spinat. Als Blatt- oder Rahmgemüse gegart sowie als Zutat in Aufläufen wird er gern verwendet. Aber auch frisch als Salat sind die zarten grünen Blätter ein echter Hochgenuss.

SPINATSALAT MIT EI UND SESAM

Zutaten
für 4 Portionen
500 g junger Spinat
8 Eier
4 EL Walnussöl
1 EL dunkle Sojasauce
1 TL Balsamico-Essig
2 EL weißer Sesam, geröstet
Salz und Pfeffer zum Abschmecken

Zubereitung
〉 Die Eier hart kochen, abschrecken, schälen und halbieren.
〉 Die Spinatblätter waschen, gut abtropfen lassen und die Stiele entfernen.
〉 Das Walnussöl, die Sojasauce und den Balsamico zu einem Dressing verrühren, nach Belieben mit Salz und Pfeffer würzen, über den Spinat geben und gut mischen.
〉 Die Eierhälften vorsichtig unterheben und den Salat mit Sesam bestreuen.

Variante: Mit 3–4 EL körnigem Frischkäse als Zugabe bekommt das Dressing eine cremig-frische Note.

Kleine Spinat-Geschichte

Zur genauen Herkunft des Spinats gibt es keine sicheren Angaben – vermutlich stammt er ursprünglich aus Asien und gelangte im 8. Jahrhundert mit den Arabern nach Südeuropa.

Im 16. Jahrhundert wurde Spinat vermehrt auch in Deutschland angebaut und auf viele Arten zubereitet und verzehrt. Mit dem Aufkommen der Tiefkühlkost in den 1950er-Jahren kam frischer Spinat bei uns immer seltener auf den Tisch – zu groß waren die Vorteile von praktischer Lagerung, langer Haltbarkeit und geringem Volumen. Mit der steigenden Nachfrage nach Biokost erlebt frischer Spinat seit einigen Jahren ein Comeback. Als Salat, in Suppen oder Pfannkuchen ist das gesunde grüne Blattgemüse ein ganz besonderer Genuss – und obendrein ein Garant für Erfolge beim Hobbygärtnern.

Pflegeleichtes Blattgemüse

Spinat ist ein recht pflegeleichtes Blattgemüse, das ohne großen Aufwand angebaut werden kann. Selbst im Balkonkasten gedeiht er prächtig – vorausgesetzt, die Erde ist nicht zu nass.

Spinat wächst recht schnell und kann bei guter Pflege bis zu fünf Mal geerntet werden. Da seine Wurzeln tief in die Erde reichen, sorgen sie für eine hervorragende Lockerung des Bodens. Aus diesem Grund wird Spinat auf größeren Anbauflächen gern als Vorkultur für andere Gemüsesorten genutzt. Beliebte Sorten, die in Deutschland angebaut werden, sind u. a. der robuste 'Matador', der 'Clarinet' und der mehltauresistente 'Monnopa'.

Gut vorbereitet für die nächste Saison

Der Herbst ist der beste Zeitpunkt, um Frühbeete für die kommende Gartensaison vorzubereiten, denn im Oktober ist der Boden noch nicht gefroren und kann deshalb einfacher bearbeitet werden als im Frühjahr, wenn es doch noch öfter mal Frost geben kann. So kann man sein Frühbeet ohne große Mühen schon ab Februar bestücken.

Gut durchsiebte Komposterde ist als Grundlage für die neue Jungpflanzengeneration im Frühjahr ideal. Wer aussät, sollte besser spezielle hochwertige Aussaaterde aus dem Fachhandel verwenden.

Vorteile von Frühbeeten

Ein Frühbeet funktioniert wie ein Gewächshaus, es ist nur kleiner und flacher. Es speichert die Sonnenwärme und macht es darum möglich, schon früh im Jahr Sommerblumen oder langsam wachsende Gemüsesorten (z.B. Kohl, Salat, Tomaten) vorzuziehen. Wer einen Holzkasten als Frühbeet nutzt, hat außerdem den Vorteil, dass dieser schnell wieder abgebaut ist, wenn die jungen Pflanzen in die Beete gesetzt wurden.

Weitere Nutzungsmöglichkeiten

Frühbeete können auch noch im Herbst gute Dienste leisten, etwa, um Wintersalate wie Feld- oder Winterkopfsalat darin anzubauen. Und sogar als Lager für Rüben und Kohl sind sie bestens geeignet, wenn man die Ernte frostsicher mit Matten oder Laub vor allzu tiefen Temperaturen schützt. Gegen Mäuse oder andere diebische Gesellen ist ein engmaschiges Drahtgitter hilfreich.

Frühbeete:
mit Vorsprung in die Gartensaison

STANDORT UND GRÖSSE

Das Frühbeet sollte idealerweise an einem geschützten, sonnigen Standort aufgebaut werden, denn am Anfang der Saison sind die Tage noch recht kurz. Deshalb gilt: Nutzen Sie das (Sonnen-)Licht so gut wie möglich!

Länglich geschnittene Frühbeete mit einer Fläche von 1–2 m² haben sich bei vielen Hobbygärtnern bewährt – die langgezogene Form deshalb, weil man so vom Rand aus das ganze Beet gut erreichen und bearbeiten kann.

EIN FRÜHBEET BAUEN

Bausätze für Frühbeete sind in vielen Varianten im Fachhandel erhältlich. Einfache Modelle bestehen aus einem folienüberzogenen Stahlbügelgerüst, das an den Seiten in die Erde eingegraben ist. Ein Nachteil dieser Modelle ist jedoch die schwierige Belüftung.

Bewährt haben sich ganz simple Frühbeete aus Holz: Sie bestehen aus einer stabilen kastenförmigen Konstruktion, die wie ein Pultdach gebaut und mit einem schrägen, aufklappbaren Deckel aus Folie, Plastik oder Glas versehen ist. Idealerweise ist der schräge durchsichtige Deckel zur Sonne hin ausgerichtet. Ein Vorteil eines schrägen Dachs ist, dass das Regenwasser gut ablaufen kann. Ist der Deckel mit Scharnieren am Kasten befestigt, kann man ihn zur Belüftung leicht öffnen und mit einem zwischen Kasten und Deckel geklemmten Holzstück fixieren.

BÄRLAUCH

Kaum steigen die Temperaturen im Frühling an, sprießt in halbschattigen Lagen auch schon der erste Bärlauch aus dem Boden. Die intensiv schmeckenden Blätter eignen sich hervorragend für die Zubereitung von Suppen und Aufläufen sowie für die Herstellung von Pesto, Dips und köstlichen Brotaufstrichen.

BÄRLAUCHPASTE MIT GERÖSTETEN PINIENKERNEN

Zutaten
für 4–6 Portionen
150 g frischer Bärlauch
250 ml Olivenöl
50 g geröstete Pinienkerne
50 g Parmesan
2 Knoblauchzehen
Pfeffer und Salz

Zubereitung
› Die Pinienkerne fein hacken, den Parmesan fein reiben und die Knoblauchzehen mit einer Knoblauchpresse zerdrücken.
› Die Bärlauchblätter waschen und trocken tupfen, anschließend in Streifen schneiden und dann mit dem Wiegemesser fein hacken.
› Die Masse in eine Schüssel geben und mit den zerkleinerten Pinienkernen, dem Parmesan, dem Knoblauch sowie dem Olivenöl zu einer homogenen Paste verrühren. Mit Pfeffer und Salz abschmecken und in saubere Gläser abfüllen.

Das passt dazu: Die Bärlauchpaste schmeckt besonders gut auf frischem Baguette oder Vollkornbrot. Auch als Pesto zu Spaghetti ist sie ein Genuss.

BÄRLAUCHBUTTER

Zutaten
50 g Butter
100 g frischer Bärlauch
1 EL Meersalz

Zubereitung
〉 Die Butter aus dem Kühlschrank neh-men und bei Zimmertemperatur weich werden lassen.
〉 Den Bärlauch waschen, gut trocken tup-fen, die Stiele entfernen und die Blätter in feine Streifen schneiden.
〉 Die weiche Butter glatt rühren und die geschnittenen Bärlauchblätter sowie das Meersalz untermischen.
〉 Die Butter auf Frischhaltefolie verteilen, darauf zu einer dicken Rolle formen und die Folie schließen.
〉 Die Rolle im Kühlschrank hart werden lassen. Die Butter nach Bedarf und Belieben in Scheiben geschnitten servieren.

RICHTIG ERNTEN
Die optimale Erntezeit für Bärlauch reicht – je nach Witterung – von Mitte März bis Mai. Die beste Tageszeit zur Ernte ist der Morgen, wenn der Tau abgetrocknet ist, dann ist der Bärlauch am saftigsten. Die Blätter sollten nicht gepflückt oder gerupft, sondern sorgfältig mit einer Schere abge-schnitten werden – pro Pflanze nicht mehr als zwei. Damit das Aroma voll erhal-ten bleibt, den Bärlauch am besten in einem Korb oder luftdurchlässigen Stoffbeu-tel transportieren und un-mittelbar nach der Ernte verarbeiten.

BLUMENKOHL

Gesund, lecker und für unzählige Rezeptvarianten bestens geeignet – das ist der Blumenkohl! Ob in der deutschen oder der internationalen Küche – das unverwechselbare Kohlgemüse ist eine beliebte und leicht zu verarbeitende Zutat, die viele Gerichte bereichert.

INDISCHES BLUMENKOHLCURRY

Zutaten
für 4 Portionen

1 Blumenkohl (ca. 600 g)
300 g Möhren
1 Zwiebel
1 EL Margarine
1–2 EL Currypulver
(indische Mischung)
2 TL Gemüsebrühe
(als Pulver)
100 ml Wasser
200 ml Kokosmilch
Salz

Zubereitung

⟩ Den Blumenkohl gründlich waschen und in Röschen zerteilen.
⟩ Die Möhren schälen und in Scheiben oder in eine gewünschte Form schneiden.
⟩ Die Zwiebel schälen und fein würfeln.
⟩ Die Margarine in einer großen Pfanne erhitzen und die Zwiebelwürfel darin glasig dünsten.
⟩ Die Möhren und den Blumenkohl dazugeben, das Curry- sowie das Gemüsebrühepulver hinzufügen und das Gemüse kurz andünsten.
⟩ Das Wasser hinzufügen und das Ganze 15–20 Min. garen.
⟩ Die Kokosmilch dazugeben und alles noch einige Minuten köcheln lassen.
⟩ Mit Salz abschmecken und nach Belieben mit Curry nachwürzen.

Das schmeckt dazu: Mit Reis serviert ist das Blumenkohlcurry eine wunderbare, vollwertige Mahlzeit.

Variante: Mit Rosinen und Mandelscheiben verfeinert bekommt das Curry eine leicht süßliche, exotische Note.

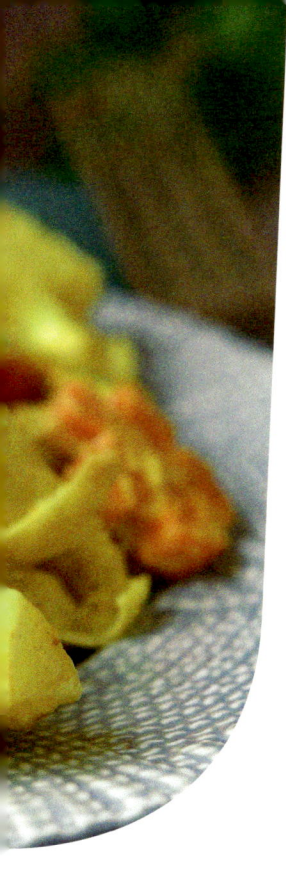

 **Blumenkohl-Schäfchen**

Essen macht noch mehr Spaß, wenn auf dem Teller Geschichten entstehen, rohes Gemüse wie Gurken, Tomaten oder Paprika bunte Lachgesichter bildet – oder wenn sich Blumenkohlröschen in lustige Schäfchen verwandeln. Aus Kartoffeln, Möhren oder Bohnen werden mit etwas Fantasie Köpfe und Beine gezaubert, Pfefferkörner (bitte nicht mitessen!) bilden Nase und Augen. Diese lustigen Gesellen überzeugen so manchen Gemüse-Skeptiker.

Sorten und Farben

Sein charakteristisches, namengebendes Aussehen verdankt der Blumenkohl dem Umstand, dass er geerntet wird, wenn sein Blütenstand noch geschlossen ist. Erntet man ihn nicht, entwickeln sich aus seiner weißen „Blume" nach und nach Blüten und Samen.

In Deutschland werden v. a. weiße und elfenbeinfarbene Sorten angebaut. Da die Blütenstände während ihres Wachstums vollständig unter den Hüllblättern verborgen sind, kann sich der grüne Pflanzenfarbstoff (Chlorophyll) nicht ausbilden, und der Kohl bleibt weiß. In anderen Ländern, z. B. Italien und Frankreich, sind auch farbige Blumenkohlsorten – grün und violett – sehr beliebt. Deren Blütenstände sind nicht vollständig von den Hüllblättern verdeckt, so können sie sich unter Lichteinfluss verfärben.

LÖWENZAHN

Der Löwenzahn ist ein echter Allrounder unter den Wildkräutern: Von der Blüte über die Blätter bis hin zu seiner Wurzel ist einfach alles in der Küche verwertbar. Die jungen Blätter des Löwenzahns werden gern für Salate verwendet, die Blüten zu köstlichen Gelees verarbeitet.

LÖWENZAHNSALAT MIT EIERN UND SPECK

Zutaten
für 4 Portionen

4 Eier
250 g Löwenzahnblätter
3 Tomaten
200 g Frühstücksspeck
50 g Parmesan

Für das Dressing:
1 EL Balsamico-Essig
3 EL Walnuss- oder Kürbiskernöl
1 TL grober Senf
1 TL Honig
Salz und Pfeffer

Zubereitung

⟩ Die Eier 8 Min. kochen, mit kaltem Wasser abschrecken, abkühlen lassen und pellen, dann vierteln oder in Würfel schneiden.
⟩ Die Tomaten halbieren, teils von den Kernen befreien und die Tomatenhälften in Scheiben schneiden. Die Kerne aufheben.
⟩ Löwenzahnblätter waschen, in Stücke zupfen oder schneiden (die dicken Strunkenden nicht verwenden).
⟩ Tomaten, Löwenzahn und Ei vermischen.
⟩ Essig, Öl, Senf, Salz, Pfeffer, Honig und Tomatenkerne zu einem Dressing verrühren, über den Salat träufeln und alles mit geriebenem Parmesan bestreuen.
⟩ Speckscheiben in einer beschichteten Pfanne ohne Fett anbraten und warm dem Salat zufügen.

Sinne schärfen beim Wildkräuter-Quiz

RIECHEN, FÜHLEN UND SCHMECKEN – das ist für Kinder und auch für Erwachsene ein Riesenspaß mit Lerneffekt.

Den besonderen Geschmack des Sauerampfers kosten, die markanten Blätter des Spitzwegerichs mit verbundenen Augen ertasten oder den unverwechselbaren Duft des Bärlauchs erschnuppern – es gibt unzählige Möglichkeiten, die Pflanzenwelt in der unmittelbaren Umgebung spielerisch zu erleben. Oder wie wär's mit einer Wald- und Wiesenrallye, auf der verschiedene Pflanzen gesammelt und anschließend gemeinsam bestimmt werden?

Und am Ende gibt es frischen Kräuterquark oder eine Waldmeisterbowle, zubereitet aus den gesammelten Schätzen.

LÖWENZAHNGELEE

Zutaten

200 g frische Löwenzahnblüten
1 l Wasser
2–3 EL Zitronensaft
500 g Gelierzucker (2:1)

Zubereitung

› Löwenzahnblüten sammeln und möglichst alles Grün entfernen.
› Die gelben Blüten mit dem Wasser aufkochen und 5 Min. kochen lassen.
› 24 Std. ruhen und durchziehen lassen, danach durch ein Tuch abseihen und das Tuch samt Inhalt gut ausdrücken.
› Den gewonnenen Saft mit dem Zitronensaft und dem Gelierzucker vermengen, unter Rühren aufkochen und 4 Min. kochen lassen.
› In heiß ausgespülte Gläser füllen und sofort verschließen.

Verkannte Schätze

Ein Schicksal scheinen nahezu alle Wildkräuter gemeinsam zu haben: Sie werden oftmals nicht als Kräuter erkannt, da sie meist entweder zu unscheinbar, zu unbekannt oder – die undankbarste Variante – als Unkraut verschrien sind. Dabei haben Löwenzahn, Giersch, Taubnessel, Hornklee, diverse Wegerich-Arten und viele weitere Wildkräuter nicht nur kulinarische Qualitäten, sondern können auch als Heilpflanzen gute Dienste leisten.

Heilwirkung

Viele Wildkräuter können bei akuten sowie chronischen Beschwerden Linderung verschaffen und wirken positiv auf verschiedene Körperfunktionen ein. Ein kleiner Auszug aus der Wildkräuterapotheke:

Beifuß: Appetitlosigkeit; unterstützt die Tätigkeit der Bauchspeicheldrüse

Brennnessel: Blutarmut, Gicht, Ischias, Haarausfall, Hautleiden, Rheuma; wirkt blutreinigend, stoffwechselfördernd

Giersch: Gicht, Rheuma; wirkt harntreibend, verdauungsanregend, stoffwechselfördernd

Gundermann: wirkt entzündungshemmend, anregend auf Blase und Niere, stoffwechselfördernd und schleimlösend

Löwenzahn: Gelenkerkrankungen, Hautleiden, Rheuma, Leber- und Gallenbeschwerden, Nierensteine; wirkt entwässernd

Spitzwegerich: Bronchitis, Insektenstiche, Magenschleimhautentzündung, blutende Wunden

Storchenschnabel: Durchfall, Hautleiden, Entzündungen im Mund- und Rachenraum, Nasenbluten

Weiße Taubnessel: Blasenleiden, Darmstörungen, Husten, Menstruationsbeschwerden

Wildkräuter im Garten

UND LECKER SIND SIE AUCH

Mit frischen Wildkräutern zu kochen hat große Vorteile: Sie sind aromatischer und enthalten mehr Vitamine sowie Ballast-, Mineral- und sekundäre Pflanzenstoffe als die kultivierten, klassischen Küchenkräuter. Besonders wohlschmeckend sind:

Ackersenf: Suppen, Salate, herzhafte Dips

Bärlauch: Suppen, Pesto, Kräuterquark, Dips, Saucen

Brunnenkresse: Pesto, Salate, Suppen

Rotklee: Blüten für Gelee, Sirup, als Garnitur für Süßspeisen und Salate; Blätter für Suppen, Salate und grüne Smoothies

Sauerampfer: Suppen, Saucen, Kräuterquark, Dressing

Schafgarbe: Suppen, Aufstrich, Likör, Limonade

Taubnessel: Suppen, Smoothies, Kräuterbutter, Brotaufstrich

Veilchen: Blütensalat, Sirup, Essig

WILDKRÄUTERN RAUM GEBEN

Wildkräuter wachsen nicht schön geordnet in Reih' und Glied, sondern wuchern eher wild und breiten sich schnell aus. Doch es gibt Mittel und Wege, Wildkräuter im Garten so wachsen zu lassen, dass sie nicht als „Unkraut" wirken. Unschöne Komposthaufen beispielsweise werden zu grünen Oasen, wenn sie von Taubnesseln überwachsen sind, und so mancher Hobbygärtner freut sich, wenn Bärlauch sich an schattigen Stellen ausbreitet, an denen sonst nichts anderes wächst. Vielleicht haben Sie ja auch Zugang zu dem einen oder anderen Wiesenstück, auf dem sich Klee, Löwenzahn und Wiesenschaumkraut ungehindert ausbreiten und wunderschöne Blütenteppiche bilden können?

MEERRETTICH

Als Klassiker zu Fisch, zu Fleisch oder als würzig-scharfer Dip zu Gemüsesticks – Meerrettich passt zu vielen Gerichten und wird meist als Creme oder Sauce serviert. Die Zubereitung ist kinderleicht und gelingt garantiert in Nullkommanix.

KLASSISCHE MEERRETTICHCREME (GRUNDREZEPT)

Zutaten
100 g frischer Meerrettich
200 g Crème fraîche
200 g Schmand
1 Prise Zucker
Pfeffer und Salz

Zubereitung
> Crème fraîche und Schmand in eine Schüssel geben, den Zucker hinzufügen und mit Pfeffer und Salz abschmecken.
> Den Meerrettich schälen, ganz fein reiben, zu der Schmand-Crème-fraîche-Mischung geben und alles zu einer cremigen Masse verrühren.

Variante: Alternativ können als Basis auch Joghurt, Quark oder saure Sahne verwendet werden.

GESCHMACKSVARIANTEN FÜR DAS GRUNDREZEPT

Fruchtig

> Einen Apfel schälen, entkernen, in kleine Stücke schneiden, einen Spritzer Zitronensaft hinzufügen und pürieren. Die Apfelmasse unter die Zutaten des Grundrezepts rühren und das Ganze nochmals mit dem Pürierstab vermischen. Noch würziger wird der Dip, wenn man 1–2 TL mittelscharfen Senf hinzugibt.

> Fruchtig wird's ebenfalls, wenn man anstelle des pürierten Apfels 1–2 EL Wildpreiselbeeren in die Meerrettichcreme rührt.

Exotisch

> Eine orientalisch-exotische Note erhält das Grundrezept, wenn man Granatapfelkerne oder – etwas pikanter – fein gehackten, frischen Ingwer unter die Meerrettichcreme mischt.

Herzhaft

> Auch der Geschmack der Roten Bete passt optimal zur Schärfe des Meerrettichs. Für diese herzhafte Variante nimmt man eine große gekochte Rote Bete, schneidet sie in kleine Stücke, fügt einen Schuss Balsamico-Essig oder Zitronensaft hinzu, mischt alles unter die Basiszutaten und püriert dann das Ganze zu einer cremigen Masse.

RHABARBER

Auch wenn der Rhabarber von Vielen dem ersten Impuls folgend als Obst eingeordnet wird, zählt er doch zum Stangengemüse. Von April bis Ende Juni hat er Saison und verleiht Marmeladen, Kompott, Kuchen und Desserts seine leicht säuerliche, unverwechselbare Note.

RHABARBERKOMPOTT MIT APRIKOSEN

Zutaten
für 4 Portionen
1 kg Rhabarber
1 ungespritzte Orange
150 g Zucker
1 Pck. Vanillezucker
100 g getrocknete Soft-Aprikosen
2 EL Erdbeer- oder Ahornsirup

Zubereitung
> Den Rhabarber waschen, schälen und in ca. 1 cm große Stücke schneiden.
> Die Orange gut abwaschen und von der Schale ein großes Stück herausschneiden.
> Den Rhabarber mit Zucker und Vanillezucker vermischen, mit der Orangenschale in einen Topf geben und 15 Min. ziehen lassen.
> Die Aprikosen in kleine Würfel schneiden, unter den Rhabarber mischen und das Ganze bei mittlerer Hitze ohne Deckel 10 bis 15 Min. einkochen lassen. Bei Bedarf etwas Wasser hinzufügen.
> Schließlich die Orangenschale herausnehmen und das Kompott mit dem Sirup abschmecken.

Das schmeckt dazu: Mit einem Schuss Vanillesauce oder einer Kugel Vanilleeis wird das Rhabarberkompott zum Hochgenuss!

Oxalsäure

Rhabarber besteht in erster Linie aus Wasser und ist entsprechend kalorienarm. Neben Ballaststoffen, Vitamin C und Kalium enthält er aber auch verschiedene Säuren, darunter Zitronen- und Apfelsäure sowie Oxalsäure, die beim Verzehr von Rhabarber das typische „stumpfe" Gefühl verursacht und in größeren Mengen gesundheitsschädlich sein kann. Um den Oxalsäuregehalt möglichst gering zu halten, gibt es ein paar einfache Regeln:

> Rhabarber immer schälen.

> Jungen Rhabarber bevorzugen, der spätere enthält mehr Oxalsäure.

> Rotstieligen und rotfleischigen Rhabarber wählen.

> Rhabarber nie roh essen.

> Rhabarber zusammen mit Milchprodukten verzehren, denn so greift die Oxalsäure nicht das Kalzium des Körpers an, sondern verbindet sich mit dem der Milch.

Tipps für schnelles Wachstum

Hobbygärtner nutzen gern einen Trick, um den Rhabarber schneller wachsen zu lassen: Wenn man die ersten Triebe des Rhabarbers mit etwas Lichtundurchlässigem (Folie, Eimer etc.) abdeckt, wird das Wachstum gefördert und die Pflanze bildet besonders lange Stiele aus, die darüber hinaus sehr aromatisch und weniger sauer sind. Da diese Wachstumsförderung der Pflanze jedoch viel Kraft abverlangt, sollte man die Methode nur alle zwei bis drei Jahre anwenden.

Auch das richtige Ernten sorgt für einen ertragreichen, kräftigen Wuchs. Dabei ist es wichtig, die Rhabarberstangen nicht abzuschneiden, sondern sie möglichst weit unten aus der Erde herauszudrehen. Aber Achtung: Immer ein paar Stangen stehen lassen, damit im nächsten Jahr wieder neue austreiben können!

SALATGURKE

Knackig und frisch kommt im späten Frühling, zu Beginn des Sommers die Gurke daher und bereichert Salate, Chutneys, Dips, Suppen und vieles mehr. Grundsätzlich unterscheidet man zwei Gruppen: die klassische Salatgurke, auch Schlangengurke genannt, und die Einlegegurke, die erst im Spätsommer geerntet wird.

GURKENGEMÜSE MIT HACKBÄLLCHEN

Zutaten
für 4 Portionen
500 g gemischtes Hackfleisch
1 Zwiebel
1 Ei
1 EL Haferflocken
Salz
Pfeffer
Paprika (edelsüß)
3 Salatgurken
3 EL Margarine
400 ml Gemüsebrühe
200 ml Kochsahne
2 EL Speisestärke
1 Bd. frischer Dill

Zubereitung
⟩ Die Zwiebel schälen und ganz fein hacken.
⟩ Das Hackfleisch mit dem Ei, der Zwiebel und den Haferflocken verkneten und mit Pfeffer, Salz und Paprikapulver würzen.
⟩ Aus der Hackfleischmasse kleine Bällchen formen, die Margarine in einer Pfanne erhitzen und die Hackbällchen darin anbraten.
⟩ Die Gurken schälen, in Stücke schneiden und zu den Hackbällchen in die Pfanne geben.
⟩ Die Gurkenstücke etwas andünsten, dann die Gemüsebrühe hinzugeben, das Ganze aufkochen und die Gurken ca. 5 Min. garen.
⟩ Die Sahne zugießen, die Speisestärke zugeben und alles weitere 5 Min. köcheln lassen.
⟩ Den Dill waschen, fein hacken und unter das Gurkengemüse rühren.
⟩ Etwas ziehen lassen – fertig!

Das schmeckt dazu: Als Beilage eignen sich Kartoffelbrei, Salz- bzw. Pellkartoffeln oder auch Reis.

Lustiges Gurkenkrokodil

EIN HIT AUF JEDER KINDERPARTY ist das Gurkenkrokodil, das wahlweise mit verschiedenen Fruchtgummis oder – als gesunde Variante – mit kleinen Tomaten und Mozzarella-Kugeln gespickt werden kann. Die Zubereitung ist ein Riesenspaß für Groß und Klein.

Man braucht eine möglichst dicke, gerade Salatgurke, ein kleines, spitzes Küchenmesser, Zahnstocher aus Holz, eine Möhre und diverse Fruchtgummisorten bzw. Mini-Tomaten und Mozzarella-Bällchen. So geht's:

- Die Gurke an der schmalen Seite ca. 15 cm längs einschneiden (als wolle man sie längs halbieren) – das wird das Maul des Krokodils.
- Mit einem spitzen Messer entlang des Längsschnitts ca. 2–3 mm tief die Zähne herausschnitzen (am besten kleine dreieckige Stücke oberflächlich herauslösen).
- Einen Zahnstocher in der Mitte zerbrechen, darauf zwei Lakritz-Kokos-Rollen (z.B. aus der Haribo-Colorado-Mischung) oder zwei Hälften einer geteilten Mozzarella-Kugel als Augen aufspießen und auf der Gurke positionieren.
- Die Fruchtgummis (bzw. Tomaten und Mozzarella-Kugeln) in „Dreierpäckchen" auf die Zahnstocher spießen und dicht an dicht oben in die Gurke stechen, bis die ganze Oberfläche bedeckt ist.
- Aus der Möhre ein flaches, ca. 12 cm langes Stück herausschneiden und ein Ende abrunden – das wird die Zunge des Krokodils.
- Diese Scheibe schräg in das Maul hineinschieben, sodass noch ein Stück herausschaut.

Fertig ist das Gurkenkrokodil!

CHAMPIGNONS

Der Champignon ist der bekannteste und beliebteste Speisepilz weltweit – und in der Küche ein echter Allrounder. Die kleinen aromatischen Pilze lassen sich braten, schmoren, dünsten, füllen, marinieren oder auch frittieren. Die Zahl der Zubereitungsvariationen scheint schier unendlich zu sein.

Kleiner Pilz mit großer Wirkung

Champignons haben nicht nur ein einmaliges Aroma, sie sind dazu auch noch überaus gesund, denn sie liefern uns viele wertvolle Vitamine und Nährstoffe. Sie sind reich an Eiweiß und enthalten u. a. die Vitamine B_2, B_3, B_7 und D sowie wichtige Mineralstoffe wie Eisen, Kalium, Kupfer, Phosphor und Selen.

Champignon-Tartar mit Kräutern

Zutaten
für 4 Portionen

800 g Champignons
3 Schalotten
1 Bd. frischer Schnitt-
lauch
1 Bd. frische Petersilie
2 EL Margarine
Salz
schwarzer Pfeffer
1 TL Zitronensaft

Zubereitung

› Die Pilze putzen und würfeln.
› Die Schalotten schälen und würfeln.
› Den Schnittlauch und die Petersilie waschen und trocken tupfen.
› Die Margarine in einer Pfanne erhitzen und die Pilze mit den Schalotten darin goldbraun andünsten, bis die ganze Flüssigkeit ver-
dampft ist.
› Mit Salz und Pfeffer abschmecken und die Pilzmischung abkühlen
lassen.
› Die Kräuter unter das lauwarme Pilztartar geben, den Zitronensaft
untermischen und das Ganze nochmals mit Salz und Pfeffer abschmecken.

Das passt dazu: Mit diesem Tartar bestrichen sind frisches Baguette, Pumpernickel oder Vollkornbrot eine köstliche Vorspeise oder
ein kleiner, gesunder Snack zwischendurch.

Braun oder weiss?

Weiße wie braune Champignons sind Zuchtformen
des wild wachsenden Egerlings. Ab Mitte des 18. Jahrhunderts wurde er erstmalig in Frankreich kultiviert und galt zunächst lange Zeit als teures Luxusnahrungsmittel. Erst in den 1950er-Jahren wurde
der Champignonanbau professionell betrieben und
damit auch für die breite Bevölkerung erschwinglich.

Beide Sorten gibt es in verschiedenen Größen. Gängig
sind Pilze mit einem Durchmesser von 2–5 cm, es
gibt aber auch Mini-Champignons, die nur 1,5 cm
klein sind. Der Hut des Riesenchampignons kann sogar bis zu 12 cm breit werden.

Der Unterschied zwischen weißen und braunen
Champignons liegt v. a. im Aroma: Der weiße Champignon enthält etwas mehr Wasser und ist ein wenig
milder im Geschmack, der braune Champignon
– auch als „brauner Egerling" bekannt – schmeckt
herzhafter und kräftiger.

DIE EIGENE PILZZUCHT

Bei der Pilzzucht kommt es v. a. darauf an, bestimmte Faktoren bestmöglich aufeinander abzustimmen, d. h. Pilzbrut, Substrat und Wachstumsbedingungen müssen optimal zusammenpassen. Für die Hobbypilzzucht zu Hause sind zahlreiche Fertigkulturen verschiedener Waldpilze im Handel erhältlich, die einen einfachen Anbau im Garten ermöglichen. Und so geht's:

STANDORT

Der Standort für die Pilzzucht sollte möglichst schattig und windgeschützt sein, am besten unter Büschen oder Laubbäumen. Jeder Pilzart sollte in einem humusreichen Boden eine etwa 15–20 cm tiefe und 50 × 50 cm große Grube zur Verfügung stehen.

DAS SUBSTRAT VORBEREITEN UND EINSETZEN

Wenn der Standort vorbereitet ist, wird das Substrat in einem großen Behälter in heißem Leitungswasser (max. 50° C) eingeweicht. Hat sich das Substrat vollständig mit Wasser vollgesogen, wird es in der Grube verteilt und anschließend in gleichmäßigen Abständen mit Pilzbrutdübeln versehen, die in das Substrat gedrückt werden. Anschließend wird es mit einer etwa 5 cm dicken Schicht Erde abgedeckt – am besten eignet sich nährstoffreiche Erde vom eigenen Kompost oder alternativ auch Torf oder Beeterde aus dem Handel.

Pilze im Garten

WACHSTUMSBEDINGUNGEN

Bei Temperaturen ab ca. +10° C setzt das Wachstum ein. Optimal gedeiht die Pilzkultur bei Temperaturen zwischen +20 °C und +25 °C; ab +39 °C stirbt sie ab. Wie schnell die Pilzkultur das Substrat durchwächst, hängt in erster Linie vom Verhältnis zwischen Wärme und Feuchtigkeit ab – in der Regel geschieht das innerhalb von 3–6 Monaten. In dieser Durchwachszeit sollte die Kultur keinem Frost und auch nicht allzu großer Nässe ausgesetzt sein.

Die Pilze werden in einem Radius von etwa 1 m um die Grube herum aus dem Boden kommen und sich bei guten Bedingungen immer wieder neu bilden.

ALTERNATIVE: PILZZUCHT IM KARTON

Wer schnell und einfach Pilze ziehen möchte, kann sich auch einer Fertigkultur im Karton bedienen. Die Erträge sind dann zwar nicht riesig, aber dafür braucht man keinen Garten. Geeignet für die Mini-Pilzzuchten im Haus sind v. a. Champignons und Kräutersaitlinge.

RADIESCHEN

Knackig, rund und leuchtend pink – das Radieschen ist kinderleicht anzubauen, es wächst schnell und beschert selbst Anfängern schon im Frühjahr gute Ernteerfolge. Die kleine Schwester des Rettichs schmeckt fein geraspelt mit etwas Salz auf Brot, als farbenfrohe Zutat in verschiedenen Salaten und sogar gekocht als warmes Gemüse oder in Suppen.

Herzhafter Radieschen-Wurstsalat

Zutaten
für 4 Portionen
150 g Bierschinken oder Lyoner
100 g Emmentaler
1 Bd. Radieschen
1 rote Zwiebel
2 EL Kräuter- oder Weißweinessig
3 EL Olivenöl
1 TL mittelscharfer Senf
1 Prise Zucker
Salz und Pfeffer
½ Bd. frischer Schnittlauch

Zubereitung
〉 Die Radieschen gut waschen, abtrocknen und in feine Scheiben schneiden.
〉 Die Wurst und den Emmentaler in kurze Streifen schneiden.
〉 Die rote Zwiebel in feine Scheiben schneiden und die Zwiebelringe auseinanderdrücken.
〉 Radieschen, Wurst, Käse und Zwiebelringe vermengen.
〉 Aus Essig, Öl, Senf und Zucker ein Dressing anrühren und mit Salz und Pfeffer abschmecken.
〉 Das Dressing unter Wurst, Käse, Radieschen und Zwiebel rühren, den Schnittlauch in kleine Röllchen schneiden und über den gemischten Salat streuen.
〉 Mit Crackern oder Vollkornbrot servieren.

Variante: Sie können auch gestückelte Tomaten und Paprika oder 100 g Blattsalat (z. B. Eichblatt, Rucola, Romana) hinzugeben.

 ## Lustige Radieschenmäuse

Mit Radieschen kann man auch prima basteln – z. B. kleine Mäuse fürs Kinderbuffett. Alles, was man dazu braucht, sind frische Radieschen, ein Küchenmesser und etwas Mayonnaise. Los geht's:

- Die Radieschen gründlich waschen und trocken tupfen. Das Grün entfernen, bis auf einen kleinen Rest, der das Schwänzchen bilden soll. Die vordere Spitze des Radieschens wird die Nase der Maus.
- Mit dem Küchenmesser zwei schmale Scheiben aus dem Radieschen schneiden und diese als Ohren in der Schnittstelle positionieren.
- Für die Augen mit dem Küchenmesser zwei kleine Löcher in das Radieschen bohren und etwas Mayonnaise hineintupfen.

Fertig ist die leckere Radieschenmaus!

 ## Kleine Schlankmacher

Radieschen sind echte Schlankmacher, denn 100 g des knackigen Gemüses enthalten nur etwa 14 kcal. Die in Radieschen enthaltenen Senföle wirken fettbindend, d. h., dass vom Körper aufgenommene Fette unverwertet wieder ausgeschieden werden. Außerdem regen die in Radieschen enthaltenen ätherischen Öle den Gallenfluss an und unterstützen die Entgiftungsfunktion der Leber. Der Verzehr der kleinen pinkfarbenen Knollen kann darüber hinaus eine senkende Wirkung auf Cholesterinspiegel und Blutdruck haben.

ERDBEEREN

Frühling ohne Erdbeeren? Unvorstellbar! Sind die kleinen roten Früchte erst einmal reif, gibt's kein Halten mehr. Ob zu Marmelade verarbeitet, auf Torten, in Eisbechern, Desserts oder einfach nur pur – Erdbeeren sind immer ein kulinarischer Hochgenuss.

VERARBEITUNG UND AUFBEWAHRUNG

Frische Erdbeeren sind sehr empfindlich und bekommen leicht Druckstellen. Deshalb ist es ratsam, sie in einer Schale mit lauwarmem Wasser und nicht unter dem Wasserstrahl zu waschen – aber erst unmittelbar vor der Verarbeitung. Der Stiel und die Kelchblätter sollten erst nach dem Waschen entfernt werden. Allgemein gilt: Nach der Ernte sollten Erdbeeren gekühlt gelagert und innerhalb von zwei Tagen verbraucht werden. Wenn sie nicht überreif sind und keine Druckstellen haben, können sie auch gut eingefroren werden.

Zutaten
für 6–8 Portionen

1 Schale Erdbeeren (500 g)
500 g Mascarpone
250 g Vanillejoghurt
80 g feiner Zucker
2 EL Zitronensaft
500 g Schlagsahne
400 g Löffelbiskuit
250 ml Orangensaft
3 EL Kakaopulver

Erdbeer-Tiramisù

Zubereitung

> Die Erdbeeren waschen, trocken tupfen, die Stiele und Blätter entfernen und die Früchte in Scheiben schneiden.

> Mascarpone, Vanillejoghurt, Zitronensaft und Zucker zu einer homogenen Masse verrühren. Die Sahne steif schlagen und vorsichig unterheben.

> Den Boden einer Auflaufform (ca. 20 x 30 x 7 cm) mit Löffelbiskuits auslegen und diese mit der Hälfte des Orangensafts beträufeln. Dann etwa ein Drittel der Mascarpone-Joghurt-Masse darauf verstreichen und diese Schicht dicht mit den Erdbeerscheiben belegen. Darauf folgt wieder eine Schicht Mascarpone-Creme, anschließend eine Lage Löffelbiskuits mit Orangensaft, dann eine Schicht Erdbeeren und zum Schluss nochmals eine Lage Mascarpone-Masse.

> Anschließend das Tiramisù für mindestens 5 Std. kalt stellen.

> Kurz vor dem Servieren das Kakaopulver darübersieben.

Hätten Sie's gewusst?

Wenn man es genau nimmt, dürften Erdbeeren gar nicht als Erdbeeren bezeichnet werden, denn in der Botanik werden die roten Früchte der Erdbeerpflanze nicht den Beerenfrüchten, sondern vielmehr den sogenannten Sammelnussfrüchten zugeordnet. Die wohlschmeckende rote Frucht, die wir Erdbeere nennen, ist im Grunde nur eine Scheinfrucht – die eigentlichen Früchte sind nämlich die kleinen gelb-grünen Körner, die das süße Fruchtfleisch umgeben.

SPARGEL

Spargel zählt zweifellos zu den edelsten Gemüsesorten. Was ihn so wertvoll macht, ist nicht allein der enorme Aufwand, den Anbau, Pflege und Ernte erfordern, sondern auch die Tatsache, dass die elfenbeinfarbenen Stangen aus heimischem Boden nur von April bis Ende Juni Saison haben.

SPARGEL IM KRÄUTERPFANNKUCHEN

Zutaten
für 4 Portionen

1 kg weißer Spargel
1 EL Butter
2 TL Zucker
1 Prise Salz

Für die Kräuter-pfannkuchen:

120 g Mehl
2 große Eier
125 ml Sahne
250 ml Milch
1 TL Backpulver
Salz und Pfeffer
frische Kräuter
(z. B. Petersilie, Schnittlauch, Majoran, Kresse)
Olivenöl oder Margarine zum Braten

Für die Creme:

½ Bd. Schnittlauch
½ Bd. glatte Petersilie
150 g Crème fraîche
80 ml Sahne
Salz und Pfeffer
2 Frühlingszwiebeln

Zubereitung

〉 Den Spargel schälen.
〉 In einem großen Topf (oder Spargeltopf) Wasser zum Kochen bringen, Butter, Zucker und Salz hineingeben, den Spargel hinzufügen und 15–20 Min. kochen lassen.
〉 Für die Kräuterflädle die frischen Kräuter waschen, abtropfen lassen und fein hacken.
〉 Milch, Sahne, Eier, Mehl und Backpulver in einer Rührschüssel zu einem glatten Teig verrühren, mit Salz und Pfeffer abschmecken und die gehackten Kräuter untermischen.
〉 Den Teig in einer gut beschichteten Pfanne mit wenig Öl oder Margarine zu kleinen Pfannkuchen ausbacken und im Backofen warm halten.
〉 Für die Kräutercreme die Kräuter waschen, trocken tupfen und fein hacken. Anschließend mit Crème fraîche und Sahne verrühren und mit Salz und Pfeffer abschmecken.
〉 Die Frühlingszwiebeln waschen, abtrocknen und in Röllchen schneiden.
〉 Die gekochten Spargelstangen portionsweise in die Kräuterpfannkuchen einrollen, mit der Kräutercreme anrichten und mit den Frühlingszwiebelröllchen bestreuen.

Die Geschichte des Spargels

Schon in der Antike hatte Spargel einen besonderen Stellenwert. Die Griechen kannten wild wachsenden Spargel bereits und schätzten ihn als Arzneimittel. Aufgrund historischer Überlieferungen wird vermutet, dass es die Römer waren, die den Spargel erstmals kultivierten und als Luxusnahrungsmittel schätzten. Mitte des 16. Jahrhunderts wurde erstmals urkundlich erwähnt, dass Spargel auch in Deutschland – im „Stuttgarter Lustgarten" – angebaut wurde. Zu Beginn des 17. Jahrhunderts entstanden dann die ersten großen Anbaugebiete von Grünspargel. Der weiße Spargel setzte sich erst später durch. Bis heute ist Spargel ein beliebtes, wenn auch verhältnismäßig teures Gemüse, was in seinem sehr pflege- und arbeitsintensiven Anbau begründet liegt.

Weiß oder grün?

Grüner Spargel wächst nicht – wie der weiße Spargel – unter der Erde, sondern am Tageslicht. Deshalb bildet er bestimmte Stoffe, die er zur Photosynthese benötigt, und färbt sich grün. Außerdem besitzt Grünspargel mehr wertvolle Vitamine und Inhaltsstoffe, was ihn gesünder macht als Bleichspargel. Ein weiterer Vorteil des Grünspargels ist, dass er nicht so aufwendig geschält werden muss wie die weißen Spargelstangen. Auch im Geschmack unterscheiden sich die beiden Spargelsorten – der grüne schmeckt etwas kräftiger, während insbesondere die Spitzen des weißen nur so auf der Zunge zergehen..

HOLUNDERBLÜTEN

Ab Mai beginnt die Holunderblüte, die – je nach Witterung – bis in den Juli andauern kann. Die dicht gewachsenen Dolden mit ihren kleinen weißen Blüten sehen nicht nur bezaubernd aus, sondern werden auch zu Gelee, Sirup oder Tee verarbeitet und verleihen vielen Süßspeisen ihren unverwechselbaren Geschmack.

 ## Große Wirkung

Das Wissen über die Heilwirkung des Holunders reicht Jahrtausende zurück. Tee aus Holunderblüten beispielsweise wirkt stark schweißtreibend und unterstützt den Heilungsprozess bei fiebrigen Infekten in der warmen Jahreszeit. Mit der Einnahme des Tees wird die Körpertemperatur künstlich erhöht, was wiederum die Krankheitserreger schneller abtötet. Außerdem wirkt Holunderblütentee stärkend auf den Kreislauf, er hilft bei Verdauungsproblemen, Magenkrämpfen und Blähungen und fördert den Stoffwechsel. Des Weiteren wird ihm eine blutreinigende und entwässernde Wirkung zugeschrieben. Auch bei Zahnschmerzen kann ein Schluck ungesüßter Holunderblütentee – wenn man ihn für einige Zeit im Mund behält – lindernd wirken.

HOLUNDERBLÜTEN-APFEL-GELEE

Zutaten

15–20 frische Holunderblütendolden mit offenen Blüten
0,75 l Apfelsaft
1 kg Gelierzucker (1:1)

Zubereitung

Von den Holunderblütendolden die dicken grünen Stängel entfernen, in einen Topf geben und mit dem Apfelsaft vermengen. Die Blüten im Saft mindestens 24 Std. durchziehen lassen; ab und zu umrühren.

› Nach der Ruhezeit den Saft mit den Holunderblüten durch ein feines Sieb gießen und die Blüten ausdrücken. Die Flüssigkeit zusammen mit dem Gelierzucker in einen Topf geben, sprudelnd aufkochen und weitere 4 Min. kochen lassen.

› Kalt ausgespülte Gläser bereitstellen und das heiße Gelee vorsichtig hineinfüllen. Die Deckel fest zudrehen und die Gläser sofort umdrehen und abkühlen lassen.

In Mitteleuropa sind drei Arten von Holunder vertreten: der schwarze, der Trauben- und der Zwergholunder. Der schwarze Holunder ist die am weitesten verbreitete Art. Sowohl seine Blüten als auch seine reifen, tief blauschwarzen Beeren sind wohlschmeckend und gesund.

Auch die reifen, roten Beeren des Traubenholunders lassen sich zu Gelee, Marmelade, Sirup oder Saft verarbeiten. Aber Vorsicht: Roh und unreif haben die Früchte und v. a. die in ihnen enthaltenen Steinkerne eine toxische Wirkung, die zu Brechdurchfall führt.

Ganz besondere Vorsicht ist beim Zwergholunder (auch „Falscher Holunder" genannt) geboten, denn seine giftigen Früchte sehen dem genießbaren schwarzen Holunder täuschend ähnlich. Die wichtigsten Unterschiede sind:

› Zwergholunder riecht unangenehm.
› Zwergholunder wächst krautig und wird nur bis etwa 1,5 m hoch – schwarzer Holunder verholzt und kann bis zu 10 m hoch wachsen.
› Die Beeren des Zwergholunders wachsen nach oben stehend – die Früchte des schwarzen Holunders hängen nach unten.

Holunderblüteneis

Zutaten
für 4 Portionen
200 ml Milch
6 frische große Holunderblütendolden mit offenen Blüten
2 Eigelbe
70 g Puderzucker
1 EL Wasser
150 ml Schlagsahne

Zubereitung
› Die Milch in eine Schüssel geben, die Holunderblütendolden mit den Blüten tief in die Milch eintauchen und 24 Std. abgedeckt im Kühlschrank durchziehen lassen.
› Nach der Ruhezeit die Milch durch ein feines Sieb in einen Topf gießen. Eigelb, Puderzucker und Wasser mit einem Handrührgerät schaumig aufschlagen. Dann die Milch aufkochen, vom Herd nehmen und unter ständigem Rühren nach und nach mit der Eigelbmischung vermengen. Diese Mischung unter ständigem Rühren mit einem Schneebesen kurz aufkochen lassen, bis die Masse schaumig ist. Dann vollständig abkühlen lassen.
› Die Sahne steif schlagen, unter die Milch-Creme rühren und anschließend in die laufende Eismaschine oder in ein tiefkühlgeeignetes Gefäß füllen. Gefrieren lassen und am besten mit frischer Minze und/oder Erdbeeren servieren.

Sommerküche

Schlemmen im Sommerparadies

VITAMINE IN HÜLLE UND FÜLLE

Mit der warmen Jahreszeit beginnt auch die Saison der Gartenpartys an lauen Sommerabenden und der Picknicknachmittage im Grünen – und unsere Gärten sind angefüllt mit knackigen, gesunden und leckeren Zutaten!

Kirschen, Aprikosen, Pfirsiche und Mirabellen können nun geerntet und zu Marmelade und Kompott, in oder auf Kuchen und zu Süßspeisen verarbeitet werden. Auch pur ist Sommerobst eine wahre Gaumenfreude und liefert uns über den fruchtigen Geschmack hinaus viele wichtige Vitamine, Mineralien und Nährstoffe.

Beeren haben in den Sommermonaten ebenfalls Hochsaison. Himbeeren, Johannisbeeren, Blaubeeren und Stachelbeeren schmecken frisch vom Strauch gepflückt am besten, aber auch in Quarkspeisen, Eis, Kuchen, Roter Grütze oder frisch zubereiteten Smoothies.

Knackig frische Salate und goldbraun gebratene Maiskolben bereichern die Buffets auf Grillpartys mit Nachbarn und Freunden. Auberginen, Paprika, Zucchini und mediterrane Sommerkräuter wie Rosmarin, Salbei, Basilikum und Thymian bringen einen Hauch von Mittelmeer auf den Tisch und versetzen uns in Urlaubsstimmung. Und aus Karotten, Bohnen, Erbsen und anderen Sommergemüsesorten lassen sich leichte Snacks, Quiches und andere kulinarische Köstlichkeiten zaubern.

APRIKOSEN

Die Aprikose – oder Marille, wie die samtig-weiche Frucht in Österreich und Bayern auch genannt wird – zählt zu den gesündesten Obstsorten. Roh, gekocht, gebacken, mariniert oder getrocknet ist sie als Zutat für Süßspeisen und auch für herzhafte Gerichte ein echtes Highlight.

APRIKOSEN-CHUTNEY

Zutaten

500 g frische Aprikosen
2 rote Zwiebeln
1 Knoblauchzehe
1 kleine frische Chili-schote
1 Stck. Ingwer (etwa walnussgroß)
3 EL Raps- oder Olivenöl
2 EL Balsamico-Essig
3–4 EL brauner Zucker
100 ml Aprikosennektar
1 Prise Zimt
Salz

Zubereitung

⟩ Die Aprikosen waschen, trocken tupfen, entsteinen und in Streifen schneiden.
⟩ Die Zwiebeln und die Knoblauchzehe schälen und fein würfeln. Die Chilischote in sehr feine Streifen schneiden.
⟩ Den Ingwer schälen und fein hacken.
⟩ Aprikosen, Zwiebeln, Knoblauch, Chili und Ingwer mit dem Öl in einer Pfanne andünsten, mit dem Balsamico ablöschen und etwas köcheln lassen.
⟩ Dann den Zucker, den Aprikosennektar und die Prise Zimt hin-zufügen und alles 15–20 Min. einkochen lassen. Wenn nötig, mit etwas Salz abschmecken.
⟩ Vom Herd nehmen und sofort in saubere Gläser abfüllen, den Deckel fest zudrehen und zum Abkühlen auf den Kopf stellen.

Das schmeckt dazu: Das Chutney passt gut zu gegrillten Fleischgerichten und Käse.

Varianten: Dieses Basisrezept lässt sich gut durch die Beigabe von gehackten Minzblättern, Rosinen oder mit einer Prise indi-scher Currymischung variieren.

Gesund und schön

Aprikosen enthalten überdurchschnittlich viele wertvolle Inhaltsstoffe. Sie liefern Mineralien wie Kalzium, Magnesium, Kalium, Phosphor, Natrium und Eisen sowie die Vitamine C, E, B_1, B_2, B_3, B_4, B_5 und B_6. Herausragend ist auch ihr hoher Gehalt an Carotinen, die u. a. das Immunsystem stärken, die Haut gegen UV-Strahlen schützen, die Blut- und Zellerneuerung fördern und der Krebsvorbeugung dienen sollen. Im kosmetischen Bereich werden die Inhaltsstoffe der Aprikose v. a. wegen ihrer Wirkung auf Haut und Haare geschätzt.

PÜNKTLICH ERNTEN

Aprikosen sollte man nur verarbeiten oder verzehren, wenn sie wirklich reif sind – nur dann entfalten sie ihr einmaliges, herrlich süßes Aroma. Während sie im Mittelmeerraum bereits im Mai geerntet werden, haben sie in unseren Breitengraden erst im Juli Saison. Eine reife Aprikose hat eine intensiv gefärbte orange-gelbe Haut, zur Sonnenseite hin hat sie in der Regel einen purpurnen Schimmer, das Innere ist weich und saftig. Bei leichtem Druck sollte die Frucht etwas nachgeben, und ihr Kern sollte sich nach dem Aufschneiden einfach herauslösen lassen.

ZUCCHINI

Im Handel sind Zucchini das ganze Jahr über erhältlich, in unseren heimischen Gärten können sie von Juni bis September geerntet werden. Aus der Sommerküche sind sie nicht wegzudenken, und ihre Blüten sind ein kulinarischer Hochgenuss.

ZUCCHINIBLÜTEN

Die pflegeleichten und sehr dankbaren Zucchinipflanzen sind bei guten Bodenverhältnissen in der Regel sehr ertragreich. Neben den meist zahlreichen Früchten können Hobbygärtner auch die delikaten gelben Blüten ernten. Die Pflanze bildet männliche und weibliche Blüten, die beide genießbar sind. Der Unterschied ist: An den weiblichen Blüten wachsen die Zucchinifrüchte, die männlichen Blüten bilden sich an den Stängeln. Besonders delikat und deshalb begehrt sind die Blüten an den jungen, kleinen Früchten.

Ob gegrillt, gebraten, gefüllt oder frittiert – für Zucchiniblüten mit ihrem nussig-milden Geschmack gibt es viele Zubereitungsmöglichkeiten. Hier ein einfacher Vorschlag: Die Kelchblätter an den Stielansätzen entfernen, die Blüten öffnen und die Stempel herauslösen. In jede Blüte einen gewaschenen und trocken getupften Scampo stecken; die Blüte verschließen. Nun in Ei und Mehl wälzen, dann frittieren.

„KLEINER KÜRBIS"

Die Zucchini ist auf den ersten Blick leicht mit einer Gurke zu verwechseln. Tatsächlich sind beide eng miteinander verwandt, denn sie gehören zur Familie der Kürbisgewächse. Ließe man eine Zucchini vollständig auswachsen, würde ihr „Kürbischarakter" sehr deutlich werden: Mit zunehmender Masse wird ihre Schale härter, die Kerne werden größer, ihr Fruchtfleisch wird fester und sie kann ein Gewicht von mehreren Kilo erreichen.

ZUCCHINI-RÖSTI

Zutaten
für 4 Portionen
5 mittelgroße Zucchini
1 große rote Zwiebel
1 Knoblauchzehe
Olivenöl
3 EL Mehl
6 EL Semmelbrösel
2 Eier (Gr. L)
50 g Parmesan, gerieben
Rosmarin, gemahlen
Pfeffer und Salz

Zubereitung
› Die Zucchini grob raspeln, mit etwas Salz mischen und ca. 30 Min. ruhen lassen.
› Die Zwiebel fein würfeln, die Knoblauchzehe zerdrücken und alles in etwas Olivenöl in einer Pfanne glasig dünsten. Vom Herd nehmen, etwas abkühlen lassen und in eine Schüssel geben.
› Die Zucchiniraspel in einem feuchten Küchenhandtuch ausdrücken und mit der Zwiebel-Knoblauch-Mischung in der Schüssel vermischen.
› Anschließend das Mehl, die Semmelbrösel, den Parmesan und die Eier hinzufügen, mit Salz, Pfeffer und Rosmarinpulver würzen und alles gut verrühren.
› Die Masse in 8–12 Portionen teilen, zu kleinen Röstitalern formen und in einer Pfanne in Olivenöl von beiden Seiten goldbraun braten.

Das passt dazu: Mit einem frischen bunten Sommersalat serviert, sind die Röstitaler eine abwechslungsreiche, schnell zubereitete und leichte Mahlzeit für warme Sommertage.

KAROTTEN

Karotte, Möhre, Mohrrübe, Gelbe Rübe oder Wurzel – kaum ein anderes Gemüse hat so viele Namen wie diese beliebte Wurzelfrucht. Reich an Carotin – das als Namesgeber Pate stand – findet sie roh, gekocht, gebraten und als saftige Zutat in Brot und Kuchen Verwendung.

MÖHREN-THYMIAN-QUICHE

Zutaten

Für den Teig:
130 g Mehl
80 g Butter
1 Prise Salz
3 EL kaltes Wasser

Für den Belag:
6 mittelgroße Möhren
1 rote Zwiebel
2 EL Margarine
Thymianblätter, frisch
oder getrocknet
Salz und Pfeffer
$\frac{1}{8}$ l Sahne
3 Eier

Zubereitung

⟩ Alle Zutaten für den Teig gut verkneten, eine Quiche-Form (28 cm Durchmesser) einfetten und mit dem Teig auslegen.
⟩ Die Möhren waschen, schälen und in feine Scheiben schneiden.
⟩ Die Zwiebel schälen, grob würfeln und in der Margarine in einer Pfanne glasig dünsten.
⟩ Die Möhrenscheiben hinzufügen, mit Salz und Pfeffer würzen, die Thymianblätter dazugeben und ca. 15–20 Min. bei geschlossenem Deckel dünsten. Dann vom Herd nehmen und etwas abkühlen lassen.
⟩ Die Sahne mit den Eiern verquirlen, mit den lauwarmen Möhren vermischen und das Ganze anschließend auf dem Teig in der Quiche-Form verteilen.
⟩ Im vorgeheizten Backofen bei 160 °C (Umluft) 20 – 25 Min. backen, am Ende mit Unterhitze noch weitere 5 – 10 Min.

Das passt dazu: Ein Klecks Sauerrahm oder ein frischer grüner Salat machen sich gut zu dieser Quiche, die warm und kalt serviert werden kann.

Bunte Vielfalt

Die Ursprungsform aller Möhren, die Wildmöhre, hat eine cremeweiße Farbe. In Deutschland gab es lange Zeit nur die hellgelben Sorten, was der Möhre die Bezeichnung „gelbe Rübe" einbrachte. Orange wurden die Möhren erst durch eine Züchtung im 17. Jahrhundert. Heute gibt es auch tief orangefarbene, rote und violette Sorten. Letztere sind entweder vollständig durchgefärbt oder außen violett und innen orange.

Bei der Form unterscheidet man Waschmöhren (die gängigste, ganzjährig erhältliche Form, kompakt und ohne Spitze), Snackmöhren (dünn, spitz und sehr süß), Bundmöhren (spitze Form mit Möhrengrün) und Saftmöhren (dick und mehrere hundert Gramm schwer).

Gut gelagert

Solange sich kein Bodenfrost ankündigt, können Möhren noch in der Erde bleiben und ganz nach Bedarf geerntet werden. Der ideale Lagerplatz für Möhren ist unter einer Schicht Sand in einer Kiste, die an einem kühlen und frostsicheren Ort, z. B. im Keller oder in der Garage, steht. Eine Woche bis 14 Tage halten sich Möhren im Kühlschrank – optimalerweise ohne Grün, in ein feuchtes Küchenhandtuch eingeschlagen, im Gemüse- oder Bio-Fresh-Fach.

SOMMERKRÄUTER

Ein Beet mit duftenden Sommerkräutern darf in keinem Garten fehlen. Petersilie, Basilikum, Minze, Salbei, Rosmarin, Thymian & Co. dienen aber nicht nur als köstliche Gewürze, sondern bringen zudem echte Heilpflanzenqualitäten mit!

MEDITERRANE OFENKARTOFFELN

Zutaten
für 4 Portionen

1 kg mittelgroße, festkochende Kartoffeln
1 große Knoblauchzehe
2 Zweige Rosmarin
5 EL Olivenöl
1 EL brauner Zucker
Salz und Pfeffer

Zubereitung

〉 Die Kartoffeln gründlich waschen, abbürsten und ca. 20 Min. gar kochen. Das Wasser abgießen, die Kartoffeln etwas abkühlen lassen und in Schnitze schneiden.

〉 Die Knoblauchzehe schälen und in feine Scheiben schneiden. Die Rosmarinzweige waschen, trocken tupfen und die Nadeln abzupfen.

〉 Die Kartoffeln in eine ofenfeste Pfanne oder Auflaufform geben, den Knoblauch und die Rosmarinnadeln hinzufügen und alles mit dem Olivenöl, Zucker, Pfeffer und Salz vermischen.

〉 Im vorgeheizten Backofen bei 180 °C Umluft auf der mittleren Schiene ca. 20 Min. goldbraun backen. Zwischendurch ab und zu durchrühren, damit die Kartoffeln gleichmäßig gebräunt werden.

Das passt dazu: Die Rosmarinkartoffeln eignen sich hervorragend als Beilage zu mediterranen Fleischgerichten. Aber auch als vegetarische Variante mit einem frischen Salat und Kräuterquark geben sie eine köstliche sommerlich-leichte Mahlzeit ab.

BASILIKUMPESTO

Zutaten

100 g Pinienkerne
2 Bd. Basilikum
3 Knoblauchzehen
100 g Grana Padano
150 ml Olivenöl
Salz

Zubereitung

〉 Die Pinienkerne trocken in einer Pfanne rösten, dann etwas abkühlen lassen.
〉 Pinienkerne, abgezupfte Basilikumblätter und Knoblauchzehen in einen Mixer (mit einem hohen Gefäß und Pürierstab klappt's auch) geben und zerkleinern, bis eine homogene grüne Masse entstanden ist.
〉 Den Grana Padano in kleine Stücke teilen und mit dem Öl nach und nach hinzugeben. Alles zu einer feinen Paste mixen. Danach mit Salz abschmecken.

Tipp: Wer das Pesto länger aufbewahren möchte, sollte es nach dem Abfüllen im Glas noch mit einer Schicht Olivenöl bedecken.

BASILIKUM RICHTIG ERNTEN

Das Zupfen einzelner Blättchen sollte die Ausnahme sein. So geht's:

〉 Unbedingt ganze Triebspitzen auf einer Länge von 5–7 cm abschneiden.
〉 Nicht pflücken, sondern mit einem scharfen Messer schneiden.
〉 Den Schnitt knapp über einem Blattpaar ansetzen, damit hier weitere Verzweigungen sprießen können.
〉 Von kompletten Zweigen mindestens ein Augenpaar an der Pflanze lassen.

SALBEIBUTTER

Gesunde Extras

SALBEI enthält ätherische Öle sowie Gerb- und Bitterstoffe, die Entzündungen im Hals- und Rachenraum lindern können. Außerdem wirkt Salbei u. a. antibakteriell und krampflösend.

THYMIAN ist ein wahres Multitalent unter den Heilkräutern. Er wird v. a. wegen seiner hervorragenden Heilwirkung bei Atemwegserkrankungen geschätzt.

ROSMARIN hat eine anregende Wirkung und kann bei zu niedrigem Blutdruck helfen. Auch wegen seiner ätherischen Öle, die Hautausschläge und Ekzeme lindern können, wird er geschätzt.

MINZE wird v. a. als Kräutertee , aber auch bei herzhaften Fleisch- und Gemüsegerichten sowie Süßspeisen eingesetzt. Sie wirkt u. a. antibakteriell, krampflösend und schmerzstillend und kann z. B. bei Magen-Darm-Problemen, Übelkeit oder Erkältung helfen.

Zutaten
10 – 15 große frische Salbeiblätter
150 g Butter
Salz und Pfeffer
1 Msp. Muskat, gerieben

Zubereitung
› Die Salbeiblätter waschen und vorsichtig trocken tupfen.
› Die Butter in einem Topf zerlassen, die Salbeiblätter hinzugeben und so lange in der Butter schwenken, bis sie etwas knusprig sind. Mit Salz und Pfeffer würzen und einen Hauch Muskatnuss hinzugeben.
› Die Salbeibutter sofort verwenden.

Das passt dazu: Zu frischer Pasta ist Salbeibutter ein Gedicht. Über Spaghetti oder Ravioli, aber auch zu Gnocchi bildet sie eine köstliche Sauce, die im Handumdrehen zubereitet ist.

Kräutersalz

Es gibt zahlreiche Methoden, Sommerkräuter zu konservieren – eine davon ist die Verarbeitung zu Kräutersalz. Und so einfach geht's:

Zutaten
100 g Meersalz
10 g Rosmarin
10 g Salbei
10 g Thymian

Frische Kräuter
Die Kräuter ernten, waschen und trocken tupfen und zusammen mit dem Salz mit einem Mörser zu der gewünschten Körnigkeit zermahlen. Anschließend auf einem großen Teller oder Blech auslegen und ein paar Tage trocknen lassen. Dann in kleine Gläser luftdicht abfüllen und an einem vor Sonnenlicht geschützten Ort aufbewahren.

Schnelle Variante
Frisch geerntete Kräuter lassen sich im Backofen bei 40 – 50 °C recht schnell trocknen, ohne dass sie ihr Aroma verlieren. Wenn sich die Blätter leicht zerbröseln lassen, ist keine Restfeuchte mehr vorhanden und die Kräuter können verarbeitet werden.

Tipp: Frische Kräuter niemals in der Sonne trocknen lassen, denn so geht das wertvolle Aroma verloren.

ANSPRUCHSLOS UND ERGIEBIG

Die meisten Sommerkräuter sind sehr anspruchslos, was den Pflegeaufwand betrifft – durchlässiger Boden, Sonne und ein geschützter Standort versprechen üppigen Wuchs und reiche Ernte.

Einfacher Steingarten

Wer sich nicht lange mit dem Bau eines Kräuterbeets aufhalten möchte, kann sich mit wenig Aufwand aus ein paar Ackersteinen und etwas Erde eine hübsche Kräuterecke im Garten anlegen: Einfach eigene Komposterde oder ein paar Säcke Kräutererde aus dem Gartenfachhandel in einer sonnigen Ecke des Gartens aufhäufen und mit Ackersteinen umrahmen. Wer möchte, kann außerdem mit übrigen Steinen einzelne Bereiche voneinander abgrenzen, in denen bestimmte Kräuter wachsen sollen.

Die gewünschten Kräuter (Thymian, Rosmarin, Oregano, Salbei, Lavendel etc.) einpflanzen und gut angießen – und schon hat man einen hübschen neuen Blickfang im Garten. Der Vorteil der Steine ist, dass sie die Sonnenwärme speichern und diese auch noch am Abend an die Pflanzen abgeben.

Ideen für Kräuterbeete

Kräuterbeet in der Palette

Alte Europaletten lassen sich im Handumdrehen mit wenigen Handgriffen zu einem originellen Kräuterregal umfunktionieren, das man an der Haus- oder Garagenwand, im Hof, auf dem Balkon oder der Terrasse aufstellen kann. Dafür muss man zunächst die zweite und vierte der jeweils fünf Planken einer Europalette mit einem Stemmeisen entfernen. Dann wird die Palette hochkant aufgestellt und befestigt. An der Unterseite wird nun eine dicke Latte als Boden für die unterste Pflanzebene angebracht. Als Böden für die mittlere und obere Pflanzebene werden Latten in passender Größe montiert. Wer mag, kann die Pflanzkammern zum Schutz vor Nässe mit Teichfolie auskleiden, die auf der Unterseite mit Löchern versehen wird, damit das Gießwasser abfließen kann. Am Schluss werden die Pflanzkammern mit Erde gefüllt und nach Belieben Kräuterpflanzen eingesetzt.

Beetumrandungen mal anders

Wer sein Kräuterbeet optisch ein wenig hervorheben möchte, kann mit einer niedrigen Beeteinfassung gute Effekte erzielen. Die Klassiker unter den Beeteinfriedungen sind einfache Holzrahmen aus dicken Planken, Trockensteinmauern oder fest gemauerte Einfassungen. Originell, dekorativ und robust sind auch ganz andere Umrandungen, wie etwa kleine Zäune aus Weidengeflecht oder dünnen Ästen. Etwas aufwendiger, aber ebenfalls hübsch anzusehen sind gepflanzte Einfassungen aus kleinen Buchsbüschen, die allerdings regelmäßig getrimmt und in Form gebracht werden müssen.

TOMATEN

Ab Juli können die ersten heimischen Freilandtomaten geerntet werden. Die prallen tiefroten Früchte, die so unverwechselbar nach Sommer duften, bereichern verschiedene Salate, Aufläufe, Soßen und Dips. Sie können auch ganz einfach getrocknet und so konserviert werden.

Gefüllte Tomaten

Zutaten
für 4–6 Portionen

250 g Couscous
50 g Rosinen
650 ml Gemüsebrühe
80 g Pinienkerne
8 Minzblätter
1 große Knoblauchzehe
8 Tomaten
3 TL Currypulver (indisch)
3 EL Olivenöl

Zubereitung

> Den Couscous und die Rosinen in einen großen Topf geben, mit der heißen Gemüsebrühe übergießen und bei geschlossenem Deckel ziehen lassen. Ab und zu umrühren.
> Die Pinienkerne trocken in einer Pfanne goldbraun rösten.
> Die Minzblätter fein hacken.
> Die Knoblauchzehe schälen und fein hacken.
> Bei jeder Tomate die obere Kappe abschneiden. Die Tomaten mit einem Löffel aushöhlen, das Fruchtfleisch klein zerteilen.
> Den aufgequollenen Couscous mit den Rosinen – wenn nötig – auspressen, auflockern und Pinienkerne, Minze sowie Knoblauch untermischen, mit dem Currypulver würzen und alles gut vermengen.
> Die Couscous-Mischung in die Tomaten füllen, die Kappen aufsetzen. Die Tomaten in eine mit Olivenöl ausgepinselte feuerfeste Form setzen, den restlichen Couscous um die Tomaten herum verteilen und bei 180 °C (Umluft) ca. 15 – 20 Min. garen.

Das passt dazu: Als würzige Dips zu diesem Gericht eignen sich Hummus oder eine frische Joghurt-Minze-Paste.

TOMATENSORTEN

Weil Tomaten in Größe, Form und Farbe variieren, werden sie in verschiedene Gruppen gegliedert:

STABTOMATEN sind die weltweit am meisten verbreitete Tomatensorte. Sie wachsen üppig, haben eine runde Form und meist eine hellrote Farbe.

STRAUCHTOMATEN haben eine runde, gedrungene Form, sie reifen an einem Blütenstand und werden als Trauben geerntet.

EIERTOMATEN (auch Roma-Tomaten genannt) haben – wie der Name schon sagt – eine ovale Form. Sie schmecken sehr intensiv und eignen sich deshalb besonders gut für Salate.

COCKTAILTOMATEN (auch Kirschtomaten genannt) sind die kleinsten Früchte der Tomatenfamilie und können farblich sehr variieren: tiefrot, grün, gelb oder auch gestreift. Aufgrund ihrer Farbenvielfalt werden sie gern als kunterbunte Naschbeilage auf „Fingerfood"-Buffets in Szene gesetzt.

FLEISCHTOMATEN sind die größten Tomaten. Sie haben eine gefurchte Oberfläche und mehr festes Fruchtfleisch als die anderen Tomatensorten, weshalb sie gern zum Kochen und seltener roh verwendet werden.

TOMATEN HÄUTEN

Bei gekochten Gerichten stört oftmals die harte Tomatenhaut. Sie zu entfernen ist nicht schwer: Einfach die Haut auf der Unterseite der Tomaten mit einem scharfen Messer kreuzförmig einritzen und diese dann mit der eingeritzten Stelle nach unten in kochendes Wasser tauchen, bis sie vollständig im Wasser liegen. Nach 30 – 60 Sek. das Wasser abgießen und die Tomaten sogleich kalt abschrecken. Mit einem Messer lässt sich die Haut nun ganz leicht lösen.

ERBSEN

In heimischen Gärten haben
diese eiweißreichen Hülsen-
früchte von Juni bis August
Hochsaison. Sie sollten am
besten unmittelbar nach der
Ernte frisch verzehrt werden.

SPINAT-TAGLIATELLE MIT ERBSEN-SCHINKEN-SOSSE

Zutaten
für 4 Portionen
1 Schalotte
1 Knoblauchzehe
150 g gekochter
Schinken
1 EL Margarine
250 ml Gemüsebrühe
200 g frische Erbsen
500 g Spinat-Tagliatelle
200 g geriebener Käse
(z. B. Emmentaler,
Mozzarella, Pizzakäse)
150 ml Schlagsahne
Salz und Pfeffer

Zubereitung
> Die Schalotte und die Knoblauchzehe schälen und fein hacken.
> Den Schinken fein würfeln.
> Schalotte, Knoblauchzehe und Schinken mit der Margarine in
  einer Pfanne andünsten und mit der Gemüsebrühe ablöschen.
> Die Erbsen hinzufügen und bei geschlossenem Deckel etwa
  20 Min. köcheln lassen.
> Die Tagliatelle in einem großen Topf „al dente" kochen.
> Den Käse mit der Sahne in einer Schüssel vermischen.
> Die Erbsen-Schinken-Soße mit Pfeffer und ggf. mit etwas Salz
  abschmecken und unter die Tagliatelle mischen.
> Portionsweise auf Pastatellern anrichten und jeweils mit 2 – 3 EL
  Käse-Sahne-Mischung dekorieren.

ERBSEN PALEN

Erbsen aus der Schote zu holen – in der Gärtner-sprache „Erbsen palen" genannt – geht mit der richtigen Technik ganz leicht: Die Hülsenenden mit einem Messer entfernen und den Faden, der die Längsseite der Hülse verschließt, dabei mit abziehen. Wenn man nun leicht auf die Naht-stelle an der Längsseite drückt, springt die Hülse auf, und die einzelnen Erbsen lassen sich mit dem Daumen herauslösen.

DREI UNTERSCHIEDLICHE ARTEN

Bei den kleinen grünen Hülsenfrüchten werden drei Arten unterschieden:

PALERBSEN sind frostverträglich und kön-nen frisch verzehrt oder auch – und das überwiegend – als Trockenerbsen ver-wendet werden.

MARKERBSEN sehen den Palerbsen zum Ver-wechseln ähnlich, sie sind jedoch süßli-cher im Geschmack und können nur frisch verzehrt werden – getrocknet werden sie nicht gar. Sie lassen sich aber gut einfrieren.

ZUCKERSCHOTEN werden geerntet, bevor die Erbsen ausgereift und rund sind. Sie ha-ben einen zarten Geschmack und kön-nen samt ihrer Hülse verzehrt werden, da sich deren innere harte Pergament-schicht in diesem frühen Wachstumssta-dium noch nicht ausgebildet hat.

GRÜNE BOHNEN

Grüne Bohnen aus dem Freilandanbau haben bei uns von Mai bis Oktober Saison. In Salaten, in Suppen oder gedünstet als Gemüsebeilage zu Fisch oder Fleisch sind sie eine echte Wucht.

MEDITERRANER BOHNENSALAT

Zutaten
für 4 Portionen

800 g frische grüne Bohnen
1 Zwiebel
1 Knoblauchzehe
2 Stängel frisches Bohnenkraut

100 g durchwachsener Speck
3 EL Olivenöl
½ TL Zucker
120 ml Gemüsebrühe
3 EL cremiger Balsamico-Essig
Salz und Pfeffer
5 große Basilikumblätter

Zubereitung

〉 Die Bohnen gründlich waschen, die Enden abschneiden und in kochendem Salzwasser bissfest garen.
〉 Die Zwiebel und den Knoblauch schälen und sehr fein hacken.
〉 Das Bohnenkraut waschen, abtropfen lassen und die Blätter abzupfen.
〉 Den Speck in feine Stücke schneiden.
〉 Das Olivenöl in einer Pfanne erhitzen und den Speck, die Zwiebel, den Knoblauch und das Bohnenkraut darin anbraten.
〉 Den Zucker hinzufügen und mit der Gemüsebrühe ablöschen.
〉 Die Marinade unter die warmen Bohnen mischen und den Balsamico-Essig unterrühren.
〉 Nach Belieben mit Salz und Pfeffer würzen und die Bohnen bei Zimmertemperatur 2–3 Stunden ziehen lassen.
〉 Die Basilikumblätter in feine Streifen schneiden und vor dem Servieren unter die marinierten Bohnen mischen.

Variante: Wer es noch etwas würziger mag, kann der Marinade noch weitere Sommerkräuter wie Thymian, Zitronenthymian oder Majoran zufügen.

Das passt dazu: Der Bohnensalat passt zu Fisch- sowie Fleischgerichten und – gemeinsam mit anderen Sommersalaten mit Essig-/Ölmarinade – zu frischem Vollkornbaguette.

FRÜHLINGS- ZWIEBELN

Die Frühlingszwiebel – auch Lauchzwiebel genannt – verfeinert mit ihrer milden Schärfe viele Sommergerichte wie Salate, Saucen, Dips und Aufstriche. Auch pur, in feine Röllchen geschnitten und auf einem frischen Butterbrot, ist sie ein echter Genuss.

FRÜHLINGSZWIEBEL-TARTE

Zutaten

Für den Teig:

180 g Mehl
80 g Butter
3 EL kaltes Wasser
1 Prise Salz

Für den Belag:

2 Bd. Frühlings-
zwiebeln
300 g braune
Champignons
1 Knoblauchzehe
100 g durchwach-
sener Speck
3 EL Olivenöl
2 Eier
100 ml Sahne
100 g Crème fraîche
1 Bd. Petersilie
Salz und Pfeffer
Muskat

Zubereitung

⟩ Die Zutaten für den Teig gut verkneten und eine Quiche-Form (28 cm Durchmesser) damit auslegen.

⟩ Die Frühlingszwiebeln waschen, trocken tupfen und in 1 cm breite Ringe schneiden.

⟩ Die Champignons putzen und in feine Streifen schneiden.

⟩ Den Speck fein würfeln.

⟩ Den Knoblauch schälen und fein hacken.

⟩ Den Speck in dem Olivenöl anbraten, dann die Frühlings-zwiebeln, die Champignons und den Knoblauch hinzu-fügen, mit Salz und Pfeffer abschmecken und alles ca. 5 – 10 Min. andünsten. Dann abkühlen lassen.

⟩ Die Eier, Sahne und Crème fraîche verquirlen, die gehackte Petersilie hinzugeben, mit Pfeffer, Salz und etwas Muskat würzen und anschließend unter das gedünstete Gemüse rühren.

⟩ Diese Mischung in die mit Teig ausgelegte Form gießen und im vorgeheizten Backofen bei 180 °C Umluft auf der mittle-ren Schiene ca. 40 Min. backen.

Kleine Zwiebel – große Wirkung

Die Frühlingszwiebel ist eine wertvolle Heilpflanze. Sie liefert uns wichtige Mineralstoffe und Spurenelemente wie Kalium und Eisen und ist reich an Vitaminen. Außerdem bringt ihr Genuss zahlreiche gesundheitsfördernde Eigenschaften mit sich. Die kleinen Zwiebeln, mit ihren langen, röhrenförmigen Blättern, wirken u. a. antibakteriell, entzündungshemmend, antithrombotisch, Blutdruck regulierend und Cholesterinspiegel senkend.

KAPUZINER-
KRESSE

Mit ihren leuchtenden Blüten zaubert die Kapuzinerkresse hübsche, bunte Farbkleckse in unsere Gärten. Doch sie sieht nicht nur schön aus – von den Samen über die Knospen und Blüten bis hin zu den Blättern ist alles zum Verzehr geeignet.

KAPUZINERKRESSE-BUTTER

Zutaten
250 g Butter
10 Kapuzinerkresse-blüten
3 Kapuzinerkresse-blätter
Salz

Zubereitung
〉 Die Butter ca. 1 Std. vor der Zubereitung aus dem Kühlschrank nehmen, damit sie weich wird.
〉 Die Blüten gründlich waschen, um sicherzugehen, dass sich keine Insekten mehr darin befinden. Dann vorsichtig trocken tupfen und in feine Streifen schneiden.
〉 Die Blätter ebenfalls waschen und fein hacken.
〉 Die Butter in einer Schüssel verquirlen, salzen und nach und nach die Blüten- und Blätterstücke der Kapuzinerkresse unterrühren.
〉 Die weiche Butter auf ein Stück Frischhaltefolie geben und zu einer Wurst rollen. Dann in den Kühlschrank legen und hart werden lassen.
〉 Je nach Bedarf kann die Butter in Scheiben geschnitten und verbraucht werden.

Das passt dazu: Auf einem sommerlichen Buffet macht sich die bunte Kräuterbutter als Blickfang besonders gut. Sie schmeckt herrlich zu Gegrilltem oder zu frischem Vollkornbaguette.

 ## BUNT GENIESSEN

Fein gehackt oder als ganze Blüten liefert die Kapuzinerkresse fröhliche, knallbunte Eyecatcher in Salaten und
Desserts oder als Dekoration auf allen möglichen Som-
mergerichten. Die leuchtenden Blütenkelche in strahlen-
den Gelb-, Orange- und Rottönen haben eine würzig-milde
Schärfe und wirken obendrein positiv auf Nieren, Galle
und das Verdauungssystem.

 ### Falsche Kapern

Unkompliziert und erfolgver-
sprechend ist das Ansetzen
„falscher Kapern" – für Kinder
ein Riesenspaß und eine gute
Gelegenheit, erste Erfahrungen im
Verarbeiten der eigenen Ernte zu sammeln. Zuerst heißt es: Samenkapseln
der Kapuzinerkresse sammeln. Anschließend wäscht man sie und kocht
sie mit etwas Salz in Kräuteressig. Nach
dem Abkühlen füllt man die „Kapern"
mit der Flüssigkeit, einem Schuss Olivenöl und Gewürzen nach Wahl (z. B. ein
Lorbeerblatt oder eine Knoblauchzehe)
in verschließbare Gläser ab und stellt
sie für 14 Tage zum Durchziehen in
den Kühlschrank.

Die falschen Kapern peppen Saucen,
Fisch- und Fleischgerichte auf und verleihen Kartoffelsalaten mit Kräuterdressing das „gewisse Etwas".

BLÜTEN-KNOW-HOW

Viele Blüten aus unseren Gärten sind essbar und gesund. Aber Vorsicht! Nicht alle sind zum Verzehr geeignet. Wenn man die richtigen erwischt und auf die Bio-Qualität der Pflanzen achtet, ist kulinarischer Hochgenuss garantiert – und das Auge isst ja auch noch mit ...

Duftgeranien: Es gibt sie in unterschiedlichen Duftbzw. Geschmacksrichtungen, u. a. mit Orangen-, Zitronen-, Rosen- oder Pfefferminzaroma. Wenn die Blüten zum Verzehr verwendet werden, sollte man darauf achten, dass die Pflanzen aus chemiefreier Aufzucht stammen.

Gänseblümchen: Die Blüten haben einen leicht nussigen, milden Geschmack; als Dekoration für Gemüse-, Fleisch- und Fischgerichte sowie als Zutat für Salate, Dips und Soßen geeignet; krampf- und schmerzlindernde sowie blutreinigende Wirkung.

Primel: Die mild bis scharf, mitunter etwas bitter schmeckenden zarten Blüten eignen sich zur Dekoration von Süßspeisen sowie als Zutat für Salate; wirken entgiftend auf den Körper. Wie bei den Duftgeranien gilt: Wenn die Blüten zum Verzehr verwendet werden sollen, unbedingt auf Bioanbau achten!

Ringelblume: Die leuchtend orange-gelben Blüten werden gern für Salate verwendet; die Pflanze hat eine positive Wirkung auf die Verdauung und das Nervensystem; auch bei der Herstellung von Seifen, Badezusätzen und Cremes finden Extrakte dieser Heilpflanze Verwendung.

Essbare Blüten aus dem Garten

Rosen: Blätter sowie Blütenwasser dienen zur Veredelung von Desserts und Kuchen sowie zum Würzen von Tee, Soßen und Salaten; entzündungshemmende, krampflösende und beruhigende Heilwirkung; Rosenöl ist auch als Zusatz in Cremes, Seifen und Parfums beliebt.

Roter Klee: Mit seinem mild-süßen Geschmack wird der Rote Klee oft als Zutat für Salate und Suppen verwendet; der Verzehr der Blüten hat eine anregende Wirkung auf Appetit und Verdauung.

Stiefmütterchen/Hornveilchen: Sie sind als farbenfrohe Zutat für Suppen, Salate & Co. geeignet. Den Blüten wird außerdem eine blutreinigende, antibakterielle sowie entzündungshemmende Wirkung nachgesagt.

Taubnessel: Die weißen, violetten und gelben Blüten haben einen honigsüßen Geschmack und eignen sich sehr gut zur Dekoration und als Zutat für Kuchen und Desserts; die Blätter werden gern als Wildgemüse zubereitet.

Veilchen: Die zarten Blüten mit lieblich-süßem Aroma werden v. a. zur Verfeinerung von Süßspeisen oder Salaten sowie für die Herstellung von Marmeladen und Gelees verwendet. Als Heilpflanze wird das Veilchen zur Linderung von Atemwegsbeschwerden eingesetzt: schweißtreibende Wirkung bei Erkältungen, Linderung bei gereizten Schleimhäuten.

Vergissmeinnicht: Die kleinen rosa-blauen Blüten haben einen eher neutralen Geschmack und eignen sich gut zum Verschönern und Dekorieren von Salaten, Kuchen und Desserts.

Vogelmiere: Ihre zarten, sternförmigen Blüten sind zum Würzen von Suppen und Salaten geeignet; als Heilpflanze wird sie zur Linderung von Gicht und Rheuma eingesetzt sowie bei Hautirritationen; auch die Blätter können als Zutat für diverse Gerichte – roh oder gekocht – verwendet werden.

Wiesenschaumkraut: Ähnlich wie Kapuziner- und Brunnenkresse haben die zarten Blüten einen scharfen, würzigen Geschmack.

PFIRSICHE

Pfirsiche schmecken einfach nach Sommer pur! Auch in unseren Breitengraden gedeihen bestimmte Sorten dieser sonnenlieben- den Früchte, aus denen sich herrliche Süßspeisen, aber auch raffinierte herzhafte Gerichte zubereiten lassen.

PFIRSICH-VANILLE-KOMPOTT

Zutaten
für 4 Portionen
2 kg frische Pfirsiche
400 ml Wasser
400 ml naturtrüber
Apfelsaft
400 g Zucker
1 Vanilleschote

Zubereitung
> Die Vanilleschote aufschneiden und das Mark herauskratzen.
> Das Wasser und den Apfelsaft mit dem Zucker, dem Vanillemark und den Schotenhälften in einem Topf aufkochen und etwa 10 Min. köcheln lassen.
> Den Topf vom Herd nehmen, mit einem Deckel verschließen und die Flüssigkeit 20 Min. ziehen lassen. Dann die Schoten entfernen.
> Die Pfirsiche nacheinander in kochendem Wasser blanchieren, herausnehmen und in eiskaltem Wasser abschrecken. Danach die Haut entfernen, die Früchte halbieren und den Stein heraus- nehmen.
> Den Vanillesirup in einen großen Topf füllen und aufkochen.
> Die Pfirsichhälften kurz mitkochen lassen, dann herausnehmen und in eine große Schüssel geben.
> Den Vanillesud auf ca. 400 ml einkochen, mit den Pfirsichen in der Schüssel vermischen und abkühlen lassen.

GEGRILLTE PFIRSICHE

Auf dem Grillbuffet sind gegrillte Pfirsiche auch „ohne alles" ein echter Hingucker. Mit einer Frischkäse-Kräuter-Mischung in den Steinmulden werden sie zu einer schnell zubereiteten Delikatesse.

Zutaten
für 8 Portionen
4 frische Pfirsiche
5–6 Stängel frischer Thymian
1 Knoblauchzehe
120 g Ziegenfrischkäse
250 g Schmand oder Crème fraîche
1 TL Zitronensaft
3 TL Olivenöl
Salz und Pfeffer

Zubereitung
⟩ Die Thymianstängel waschen, abtrocknen, die Blätter abzupfen. Einige für die Deko beiseite stellen, den Rest ganz fein hacken.
⟩ Die Knoblauchzehe schälen und fein hacken.
⟩ Den Schmand (bzw. Crème fraîche) mit dem Ziegenfrischkäse, Thymian, Knoblauch, Zitronensaft sowie dem Olivenöl gleichmäßig verrühren und mit Salz und Pfeffer abschmecken.
⟩ Die Pfirsiche halbieren und den Stein herausnehmen.
⟩ Die Pfirsichhälften mit der Schnittfläche nach unten auf den Grill legen und ca. 2–3 Min. grillen.
⟩ Die Frischkäse-Kräuter-Mischung mit einem Löffel in die Mulde der Pfirsichhälften füllen, diese in eine feuerfeste Auflaufform setzen und im vorgeheizten Backofen bei 180 °C Umluft ca. 4–5 Min. garen.
⟩ Auf einer Platte anrichten und mit frisch gemahlenem Pfeffer und Thymianblättchen garnieren.

MAIS

Mais lässt sich auf unterschiedlichste Art zubereiten. Gegrillt, gebraten, gekocht, roh, frittiert, als Zutat in Suppen und Aufläufen oder in Popcorn verwandelt zählt er zu den beliebtesten Gemüsesorten überhaupt.

 ## ERNTETIPPS FÜR MAIS

Es ist nicht ganz einfach, den richtigen Zeitpunkt zu finden, um Mais zu ernten – denn sowohl in einem zu frühen als auch in zu spätem Reifestadium ist Mais nur bedingt genießbar.

Für den Schnelltest reicht ein Blick auf die von den Blüten übriggebliebenen Büschel, die an den oberen Maiskolbenenden sitzen: Sind sie trocken und braun, ist dies ein Zeichen dafür, dass der Mais reif ist.

Genauer ist die Prüfung des Reifegrades, wenn man ein Maiskorn einritzt: Tritt dabei eine milchig-weiße Flüssigkeit aus, hat der Mais seine optimale Reife erreicht.

Zutaten
für 6 Portionen
6 frische Zuckermaiskolben mit Blättern
1 unbehandelte Limette
2 EL brauner Zucker
150 ml cremige Kokosmilch
Salz

Welchen Mais wofür?

Für den Anbau im eigenen Garten und sogar in tiefen Kübeln auf Balkon und Terrasse geeignet sind die süß schmeckenden Zucker- bzw. Gemüsemaissorten. Besonders wohlschmeckend ist der Zuckermais 'Golden Bantam'. Es gibt aber auch rote Sorten wie den süßen Zuckermais 'Bloody Butcher', der knallrote Körner ausbildet, oder grüne wie den milden 'Oaxacan Green', der in frühem Reifestadium als Gemüsemais zum Verzehr geeignet ist.

Für Popcorn muss Mais dagegen voll ausreifen. Beliebte Sorten sind hier v.a. 'Erdbeermais' und 'Golden Butter'.

Gegrillte Kokos-Limetten-Maiskolben

Zubereitung

> Die Maiskolben mitsamt ihren Blättern ca. 10 Min. in Salzwasser kochen. Herausnehmen und abtropfen lassen.

> Die Limettenschale fein abreiben, das Fruchtfleisch in kleine Spalten schneiden.

> Den Zucker in einen Topf geben, erhitzen und zum Schmelzen bringen, bis er hellbraun karamellisiert ist. Anschließend die Kokosmilch und die fein geriebene Limettenschale hinzufügen, gut verrühren und alles 5 – 10 Min. bei geringer Hitze köcheln lassen.

> Die Blätter der Maiskolben nach unten streifen und zu einem Knoten binden – das wird der Griff zum Halten, wie der Stiel an einem Eis.

> Die Maiskolben auf den Grill legen, mit der Kokos-Limetten-Flüssigkeit bestreichen und je nach Hitze 5 – 15 Min. goldbraun rösten. Ab und zu wenden und dabei jedes Mal wieder neu mit der Marinade bestreichen.

> Je nach Geschmack mit Salz würzen und zusammen mit den Limettenschnitzen servieren.

KIRSCHEN

Ab Mitte Juni bis Ende August ist in Deutschland Kirschenzeit. Frisch vom Baum gepflückt sind die knackigen roten Früchte ein Hochgenuss; in der Küche veredeln sie zahlreiche Süßspeisen und sogar herzhafte Gerichte.

KIRSCHDESSERT MIT MASCARPONE-CREME

Zutaten
für 4 Portionen
150 g Mascarpone
150 ml Schagsahne
5 EL Puderzucker
20 Amarettini oder
10 Cantuccini
200 g frische Kirschen
(entsteint)
3 EL Wasser
1 EL Speisestärke
30 g Schokostreusel
oder -splitter

Zubereitung
> Die Sahne steif schlagen und mit Mascarpone und 1 EL Puderzucker vermengen. Kühl stellen.
> Die Amarettini bzw. Cantuccini zerkleinern.
> Die Kirschen und 4 EL Puderzucker mit einem Schuss Wasser in einen Topf geben, erhitzen und langsam zum Kochen bringen.
> Die Speisestärke mit den 3 EL Wasser verrühren, zu den Kirschen geben und so lange rühren, bis die Flüssigkeit der Kirschen andickt. Dann vom Herd nehmen und abkühlen lassen.
> Die Mascarpone-Creme, die Kirschen und die Gebäckstückchen in wechselnden Schichten in Gläser bzw. hohe Dessertschälchen füllen und zum Schluss mit den Schokostreuseln oder -splittern bestreuen.

SÜSS ODER SAUER?

Die Sortenvielfalt bei Süß- wie Sauerkirschen ist enorm.

Bei Süßkirschen unterscheidet man
zwischen Knorpelkirschen mit hartem
und den Herzkirschen mit weichem
Fruchtfleisch. Sie schmecken am besten
frisch vom Baum oder gleich nach der
Ernte in Süßspeisen.

Bei Sauerkirschen sind die sogenannten
Schattenmorellen die meist verbreitete
Sorte. Sie eignen sich hervorragend
zum Backen oder für Kompott, Grütze
bzw. Marmelade.

BALSAMICO-KIRSCHEN

Zutaten
für 4 Portionen
60 g Zucker
60 ml cremiger
Balsamico-Essig
350 ml Kirschsaft
3 EL Rotwein
1 EL Speisestärke
300 g frische Süß-
kirschen (entsteint)

Zubereitung
⟩ Den Zucker in einer beschichteten Pfanne karamellisieren und
mit dem Balsamico-Essig ablöschen.
⟩ Den Kirschsaft und den Rotwein hinzugeben, aufkochen und
dann 15 – 20 Min. bei schwacher Hitze köcheln lassen, um die
Flüssigkeit etwas zu reduzieren.
⟩ Die Speisestärke einrühren, kurz aufkochen lassen, die Kirschen
hinzufügen, nochmals 2 – 3 Min. köcheln lassen und heiß servieren.

Variante: Wer die Balsamico-Kirschen zu Süßspeisen serviert,
kann ganz nach Belieben eine Vanilleschote oder eine Zimtstange
mitkochen, um den Geschmack zu variieren.
Sind die Kirschen als Beilage zu Fleischgerichten gedacht, können
sie auch mit Salbeiblättern und Schinken oder Speck verfeinert
und mit Salz und Pfeffer gewürzt werden.

Rucola / Rauke

Rucola – auf deutsch Rauke genannt – ist vor allem als intensiv schmeckender Salat bekannt. Er lässt sich aber ebenfalls gut zu Aufstrichen, Dips und Pesto verarbeiten und macht sich auch als Suppenzutat gut.

Rucola-Frischkäse-Aufstrich

Zutaten
für 8 Brotscheiben
100 g Rucola
1 kleine Knoblauchzehe
20 g Pinienkerne
200 g Frischkäse
40 g geriebener Parmesan
3 EL Olivenöl
Salz und schwarzer Pfeffer
Knäckebrot

Zubereitung
⟩ Den Rucola waschen, gut trocken tupfen. Die Stiele entfernen und ein paar Blätter zur Seite legen. Den Rest klein schneiden.
⟩ Die Knoblauchzehe schälen und fein hacken.
⟩ Die Pinienkerne ohne Fett in einer Pfanne goldbraun rösten.
⟩ Den Frischkäse in eine Schüssel geben, mit allen Zutaten verrühren, anschließend alles mit dem Pürierstab zerkleinern.
⟩ Mit Salz und Pfeffer abschmecken. Knäckebrotscheiben damit bestreichen und mit den ganzen Blättern garnieren.

Vitaminwunder

Neben viel Vitamin C enthält Rucola B-Vitamine und Vitamin E sowie weitere wichtige Nährstoffe wie Kalzium, Magnesium, Eisen, Kalium, Zink und Phosphor. Etwas Vorsicht ist lediglich bei den Stielen geboten. Da in diesen recht viel Nitrat eingelagert ist, sollte man sie vor dem Verzehr möglichst vollständig entfernen.

Rucola-Kartoffel-Suppe

Zutaten

für 8 Portionen

250 g Rucola
200 g Kartoffeln
2 Schalotten
1 große Knoblauchzehe
2 EL Olivenöl
800 ml Gemüsebrühe
200 ml Sahne
Salz und schwarzer
Pfeffer
40 g Parmesansplitter

Zubereitung

⟩ Den Rucola waschen und gut trocken tupfen. Die Stiele entfernen, ein paar Blätter beiseite legen, den Rest klein schneiden.
⟩ Die Kartoffeln waschen, schälen, in Stücke schneiden und in leicht gesalzenem Wasser garen.
⟩ Die Schalotten fein hacken, den Knoblauch sehr klein schneiden und in einem großen Topf im Olivenöl andünsten. Die Gemüsebrühe, die Sahne und die gegarten Kartoffeln hinzufügen, alles kurz aufkochen und mit einem Pürierstab pürieren.
⟩ Nochmals aufkochen lassen und den klein geschnittenen Rucola dazugeben. Erneut pürieren und mit Salz und Pfeffer abschmecken.
⟩ Die Suppe auf tiefe Teller verteilen und mit den Parmesansplittern und den beiseite gelegten Rucolablättern garniert servieren.

Das passt dazu: Anstelle von Parmesan kann man die Suppe auch mit Räucherlachs garnieren. Frisches Vollkorn- oder Weizenbaguette runden den Geschmack ab.

FENCHEL

Fenchel ist eine sehr gesunde Würz- und Gemüseknolle aus der mediterranen Küche. Roh oder gekocht bereichert sie mit ihrem unverwechselbaren Geschmack viele raffinierte Sommergerichte.

GRATINIERTER FENCHEL

Zutaten

für 4 Portionen

4 mittelgroße Fenchel-
knollen
3 EL Olivenöl
1 TL Zitronensaft
5 EL geriebener Parmesan
4 EL Semmelbrösel
50 g Butterflocken

Zubereitung

> Den Fenchel waschen, achteln und in köchelndem Salzwasser ca. 5–20 Min. garen. Dann herausnehmen und abtropfen lassen. Teile des Suds beiseite stellen.
> Eine ofenfeste Auflaufform mit dem Olivenöl ausstreichen und den Fenchel hineinlegen. Den Zitronensaft mit 5 – 10 EL Fenchelsud mischen und über die Fenchelstücke träufeln.
> Den Parmesan mit den Semmelbröseln mischen, den Fenchel damit bestreuen und anschließend die Butterflocken gleichmäßig darüber verteilen.
> Im vorgeheizten Backofen bei 200 °C Umluft ca. 10 – 25 Min. gratinieren.

Das passt dazu: Das Fenchelgemüse eignet sich hervorragend als Beilage zu Fisch- und Fleischgerichten.

Vielseitige Fenchel-Vinaigrette

Zutaten

1 mittelgroße Fenchelknolle
2 Schalotten
1 unbehandelte Zitrone
1 EL mittelscharfer Senf
50 ml Grapefruitsaft
6 EL Olivenöl
1 TL brauner Zucker
Salz und schwarzer Pfeffer

Zubereitung

› Den Fenchel waschen und in sehr feine Würfel schneiden.
› Die Schalotten schälen und fein hacken.
› Die Zitrone waschen, halbieren und von einer Hälfte die Schale abreiben. Beide Hälften auspressen.
› Fenchel und Schalotten mit allen Zutaten verrühren, mit Salz und frisch gemahlenem schwarzem Pfeffer abschmecken und 1–2 Std. ziehen lassen.

Das passt dazu: Die Vinaigrette eignet sich sowohl als ausgefallenes Salatdressing als auch als Marinade für Fisch oder Hähnchen.

SOMMERSALATE

In den Sommermonaten haben knackige Blattsalate Hochsaison. Mit bunten Zutaten und raffinierten Dressings verfeinert kommen sie als köstliche Beilage oder auch als leichtes sommerliches Hauptgericht auf den Tisch.

BUNTER SALAT MIT JOGHURTDRESSING

Zutaten
für 6 Portionen

300 g grüne Blattsalate nach Wahl
2 Paprika (Farbe nach Belieben)
Kirschtomaten
½ Salatgurke
100 g Joghurt
50 g Crème fraîche
2 EL Milch
1 TL Zitronensaft
½ TL Zucker
Salz und Pfeffer

Zubereitung

> Den Salat waschen, trocken schleudern und in mundgerechte Stücke zupfen.
> Paprika, Tomaten und Gurke waschen. Die Paprika in Stücke und die Salatgurke in feine Scheiben schneiden.
> Salat, Paprikastücke und Gurkenscheiben in eine große Schüssel geben und mischen.
> Joghurt, Crème fraîche, Milch, Zitronensaft und Zucker zu einer cremigen Soße verrühren und mit Salz und Pfeffer abschmecken.
> Das Dressing erst kurz vor dem Servieren unter den Salat mischen, da die Blätter mancher Blattsalatsorten schnell zusammenfallen.

DRESSING AUF VORRAT

Zutaten (für 600 ml):

100 ml weißer Balsamico-Essig
oder milder Kräuteressig
100 ml Gemüsebrühe
2 TL mittelscharfer Senf
1 TL Zucker
200 ml Rapsöl
200 ml Olivenöl
Salz und frisch gemahlener
schwarzer Pfeffer

Alle Zutaten gut miteinander verrühren und in eine heiß ausgespülte Flasche oder ein Gefäß mit Schraubverschluss abfüllen und zur Aufbewahrung in den Kühlschrank stellen. So bleibt das Dressing 1 – 2 Wochen haltbar und kann bei Bedarf portionsweise verwendet werden.

BELIEBTE HEIMISCHE BLATTSALATE

Diese bekannten Sorten wachsen in heimischen Gärten oder sind auf Wochenmärkten erntefrisch zu bekommen:

EISBERGSALAT: Kompakter Kopf; die Blätter sind fest und sehr knackig, deshalb bleibt der Salat sehr lange frisch.

GRÜNER/ROTER KOPFSALAT: Tiefgrüner oder grün-dunkelroter Salat, den man an seinen festen Blättern erkennt; er hat einen milden Geschmack und lässt sich auch zu Suppen oder Smoothies verarbeiten; das Dressing erst kurz vor dem Servieren untermischen, da die Blätter schnell zusammenfallen.

EICHBLATTSALAT: Gibt es mit grün-roten oder grünen Blättern; kein kompakter, fester Kopf, sondern einzelne zarte Blätter; feiner, leicht nussiger Geschmack.

LOLLO ROSSO/LOLLO BIONDO: Stammt ursprünglich aus Italien; stark gekräuselte, hellgrüne Blätter, die nach oben hin dunkelrot gefärbt sind; hält sich lange frisch.

RÖMERSALAT (ROMANA-SALAT): Feste Blätter mit einem herzhaften, herben Aroma.

Sommerlicher Schichtsalat

Zutaten

für 6 Portionen

1 Eisbergsalat
200 g Putenbrust
1 EL Butterschmalz
6 hart gekochte Eier
400 g Erbsen (TK)

Für das Dressing:

200 g Salatcreme
150 g Schmand oder
Crème fraîche
150 g Naturjoghurt
½ TL brauner Zucker
Salz und Pfeffer

Zubereitung

⟩ Den Eisbergsalat waschen, abtropfen lassen und in schmale Streifen schneiden.
⟩ Die Putenbrust in feine Streifen schneiden und in Butterschmalz goldgelb anbraten.
⟩ Die hart gekochten Eier pellen und in Würfel schneiden.
⟩ Die Tiefkühlerbsen ca. 8 Minuten in kochendem Wasser garen.
⟩ Alle Zutaten in einer großen Glasschüssel nach Belieben übereinanderschichten.
⟩ Die Zutaten für das Dressing gut miteinander verrühren und über die oberste Salatschicht verteilen. Die Schüssel abdecken und für 24 Std. kühl stellen, damit alles gut durchziehen kann.

Das passt dazu: Wer eine fruchtige Note mag, kann auch eine Schicht Ananaswürfel und etwas Ananassaft dazugeben.

Eichblattsalat mit Erbsen und Eiern

Zutaten
für 6 Portionen

1 großer Eichblattsalat
6 hart gekochte Eier
400 g Erbsen (frisch, tiefgekühlt oder aus der Dose)
4 Stiele frischer Dill
400 g Hüttenkäse
8 EL Walnussöl
1 TL dunkle Sojasauce
Salz und Pfeffer

Zubereitung

〉 Den Salat waschen, abtropfen lassen und mundgerecht zerzupfen.
〉 Die hart gekochten Eier pellen und in feine Scheiben schneiden.
〉 Frische bzw. tiefgekühlte Erbsen in Gemüsebrühe gar kochen und abkühlen lassen. Erbsen aus der Dose in einem Sieb abgießen, waschen und abtropfen lassen.
〉 Den Dill waschen, abtrocknen und fein hacken.
〉 Den Hüttenkäse mit dem Walnussöl, dem Dill und der Sojasauce vermischen. Das Dressing mit Salz und Pfeffer abschmecken. Wenn die Mischung noch nicht sämig genug ist, einfach einen Schuss Milch unterrühren.
〉 Den Salat, die Erbsen und die Eierscheiben vorsichtig mit dem Dressing vermischen, auf einer großen Platte anrichten und sofort servieren.

Die Vorteile von Hochbeeten

Die hohe Ergiebigkeit von Hochbeeten ist v. a. darauf zurückzuführen, dass die unteren Bodenschichten aus Gartenabfällen bestehen. Denn die in diesen Schichten fortschreitenden Zersetzungsprozesse führen zu einer erhöhten Wärmeerzeugung und bewirken, dass die im Beet vorherrschende Temperatur 5–8 °C höher ist als die Temperatur in normalen Außenbeeten. Dadurch wird das Wachstum der Pflanzen beschleunigt und darüber hinaus praktischerweise noch die Anbausaison verlängert. Außerdem sind die Beetschichten so nährstoffreich, dass man nicht zusätzlich düngen muss.

Wo anlegen?

Zunächst ist es wichtig, den richtigen Standort für das Hochbeet zu wählen. Dieser sollte möglichst windgeschützt, warm und sonnig sein. Ideal wäre es, die Längsseite des Beets in Nord-Süd-Richtung anzulegen, da so das einfallende Sonnenlicht den ganzen Tag über optimal genutzt werden kann.

Wie anlegen?

Die Länge eines Hochbeets kann je nach Platz und individuellen Wünschen gewählt werden, lediglich bei Höhe und Breite sollte man sich an gewisse Maße halten. Damit man von allen Seiten aus bequem an die Beetmitte herankommt, sollte das Beet zwischen 80 und 120 cm hoch und nicht breiter als 130 cm sein.

Ob das Hochbeet einen Rahmen aus Stein, Metall oder Holz bekommt, kann jeder nach Belieben entscheiden. Die meisten Hochbeete werden jedoch mit witterungsbeständigen Holzkonstruktionen (Bretter, Bohlen, Paletten, Pfähle, Weidenzäune etc.) eingefasst. Ob Holz- oder Steinumrandung: Die Innenwände sollten mit Teichfolie ausgekleidet werden, um zu verhindern, dass Flüssigkeit durch die Ummantelung dringt. Außerdem ist es sinnvoll, den Boden zum Schutz gegen Mäuse und Maulwürfe mit einem engmaschigen Drahtgitter auszulegen.

Hochbeete für Salate & Co.

Wie befüllen?

Bevor das Hochbeet aufgebaut wird, sollten etwa 20–30 cm Erdreich abgetragen werden. Der Boden wird mit einem Drahtgitter ausgelegt und dann mit einer 30 cm hohen Schicht Baumschnitt, bestehend aus kleineren Zweigen und Ästen, befüllt. Darüber kommt eine Schicht mit groben Erdbrocken, anschließend eine etwa 20 cm dicke Lage aus Laub oder Stroh. Dann folgen eine großzügige Schicht frischer Kompost und schließlich als letzte Lage ca. 30 cm Mutterboden.

Wie bepflanzen?

Im ersten Pflanzjahr sollten v. a. stark zehrende Gewächse wie Gurken, Tomaten, Zucchini, Kohl oder Kürbisse ins Beet gesetzt werden, im zweiten Jahr folgen dann Pflanzen wie Karotten, Brokkoli, Stangenbohnen, Mangold oder Kohlrabi. Erst ab der dritten Saison können dann schwach zehrende Pflanzen wie Radieschen, diverse Sommersalate, Fenchel, Lauch oder Feldsalat gepflanzt werden, da der Nitratgehalt des Bodens dann schon etwas abgenommen hat.

Pflegetipps

Hochbeete sollten in den Sommermonaten immer regelmäßig und ausreichend bewässert werden. Deshalb am besten darauf achten, das Beet an einer Stelle aufzubauen, die leicht mit dem Gartenschlauch erreicht werden kann.

Ein das Beet umlaufender, nach unten hin abgewinkelter Rahmen aus Stahlblech kann gegen lästige Besucher gute Dienste leisten, z. B. gegen Schnecken, die die zarten jungen Pflanzen abfressen könnten.

BEERENOBST

Die meisten Beerensorten werden im Sommer reif. Die kleinen Vitaminbomben schmecken zwar frisch vom Strauch am besten, doch auch in Kuchen, Süßspeisen oder zu sommerlichen Drinks gemixt sind sie echte kulinarische Highlights.

ROTE BEERENGRÜTZE

Zutaten
für 6 Portionen

125 g Erdbeeren
125 g Heidelbeeren
125 g Himbeeren
125 g Johannisbeeren
125 g Sauerkirschen
½ Vanilleschote
500 ml Kirsch- oder Johannisbeersaft
3 EL Wasser
3 EL Speisestärke
50 g Zucker

Zubereitung

› Alle Früchte bis auf die Himbeeren waschen und auf Küchenpapier trocknen lassen. Dann Blätter und Stiele entfernen und die Kirschen entsteinen.
› Die Vanilleschote längs aufschneiden und das Mark herauskratzen.
› Das Vanillemark samt Schote zusammen mit dem Fruchtsaft aufkochen.
› Die Stärke mit dem Wasser glatt rühren und in den kochenden Saft gießen. Unter Rühren nochmals aufkochen und die Früchte dazugeben.
› Die Grütze vom Herd nehmen, mit Zucker abschmecken und die Vanilleschote entfernen. Das Ganze abkühlen lassen.

Das passt dazu: Am besten schmeckt die Beerengrütze, wenn sie mit Vanilleeis, Sahne, Naturjoghurt oder Vanillesoße serviert wird.

HEIDELBEERPFANNKUCHEN

Zutaten
für 4 Portionen
300 g Heidelbeeren
200 g Mehl
2 EL Zucker
½ Pck. Backpulver
1 Pck. Vanillezucker
400 ml Milch
1 Prise Salz
2 große Eier
4 EL Margarine
Puderzucker

Zubereitung
› Die Heidelbeeren waschen und gut abtropfen lassen.
› Das Mehl mit Zucker, Backpulver, Vanillezucker und
  etwas Salz in einer Schüssel vermengen. Dann die
  Milch dazugeben und so lange rühren, bis ein gleich-
  mäßiger, dickflüssiger Teig entstanden ist.
› Die Eier zufügen und unterrühren. Anschließend die
  Heidelbeeren unterheben.
› Die Margarine portionsweise in einer großen Pfanne
  erhitzen, mit einem großen Löffel gleich große Teig-
  kleckse hineingeben und bei mittlerer Hitze jeweils
  2–3 Min. pro Seite goldbraun backen.
› Die kleinen Pfannkuchen aus der Pfanne nehmen und
  mit dem restlichen Teig ebenso verfahren.
› Die gebackenen Pfannkuchen im Backofen bei 80 °C
  warm halten. Wenn alle Pfannkuchen fertig sind,
  in gleichen Portionen auf Tellern anrichten und nach
  Belieben mit Puderzucker bestreuen.

HEIDELBEEREN TROCKNEN

Heidelbeeren lassen sich schnell und einfach im Back-ofen trocknen und auf diese Weise konservieren. Die Früchte dazu möglichst locker in einer Lage auf einem Back-blech verteilen und in den Backofen schieben. Diesen auf max. 50 °C heizen. Nach eini-gen Stunden die getrockneten Beeren aus dem Ofen nehmen, auskühlen lassen und in saube-ren, gut verschließbaren Gefä-ßen luftdicht aufbewahren. So kann man sie nach Bedarf por-tionsweise verbrauchen, z. B. für Müsli, zum Backen oder für Desserts.

Klein, rund – gesund!

BROMBEEREN: Unter den Vitamin-E-Lieferanten sticht die Brombeere als wahre „Super-Beere" hervor, denn sie enthält doppelt so viel von dem wichtigen Vitamin wie andere Beerenfrüchte. Außerdem enthalten Brombeeren viel Vitamin C und Provitamin A sowie Magnesium, Kalzium, Kalium und Phosphor. Aus den jungen Blättern des Brombeerstrauchs lässt sich ein Tee herstellen, der Magen- und Darmbeschwerden sowie Erkältungen lindert.

HEIDELBEEREN: Den kleinen blauen Beeren wird eine gedächtnisstärkende Wirkung nachgesagt. Außerdem stärken sie das Immunsystem, sie wirken entzündungshemmend und Cholesterinspiegel senkend.

HIMBEEREN: Die kleinen pinkfarbenen Beeren haben im Vergleich mit anderen Beerenfrüchten einen überdurchschnittlich hohen Vitamin-C-Gehalt. Außerdem enthalten Himbeeren viel Eisen, Kalium, Kalzium und Magnesium.

HOLUNDERBEEREN: Die kleinen schwarz-blauen Beeren enthalten viel Vitamin C sowie B-Vitamine und Folsäure. Sie wirken schweißtreibend und fiebersenkend und sind deshalb gut bei Erkältungskrankheiten sowie fiebrigen Infekten.

ROTE JOHANNISBEEREN: Rote Johannisbeeren sind überaus reich an Vitamin C. Außerdem enthalten sie Magnesium, Kalium und Eisen und wirken positiv auf die Verdauung.

STACHELBEEREN: Die etwas sauer schmeckenden Beeren sind reich an Vitamin C, Vitamin E und Carotin. Ihnen wird eine entwässernde sowie den Kreislauf stärkende Wirkung nachgesagt.

BROMBEER-BUTTERMILCH-DRINK

Zutaten
für 4 Portionen
600 g Brombeeren
1,5 l Buttermilch
4 EL Himbeersaft
2 EL Honig
5 EL Holunderblüten-sirup
2–3 Minzblätter

Zubereitung
Alle Zutaten mit dem Pürierstab oder im Mixer sehr fein pürieren. Dann 1 Std. kalt stellen, nochmals gut durchmixen, in Gläser umfüllen und servieren.

Tipp: Nicht nur Brombeeren sind gut mit Buttermilch kombinierbar, auch Himbeeren, Erdbeeren oder Heidelbeeren schmecken in diesem frischen Buttermilch-Drink einfach köstlich.

Stachelbeer-Baiser-Kuchen vom Blech

Zubereitung

〉 Die Stachelbeeren waschen und gut abtropfen lassen.
〉 Die Eier aufschlagen und die Eigelbe vom Eiweiß trennen. Das Eiweiß in einem hohen Gefäß beiseitestellen, die Eigelbe in eine große Rührschüssel geben.
〉 Die Butter, 150 g Zucker, Vanillezucker und die Milch mit den Eigelben in der Schüssel mit einem Handrührgerät schaumig rühren. Dann das Mehl und das Backpulver hinzugeben und alles zu einem lockeren Rührteig verquirlen.
〉 Den Teig gleichmäßig auf einem mit Backpapier ausgelegten Backblech verteilen und mit den Stachelbeeren belegen.
〉 Das Eiweiß mit den restlichen 200 g Zucker zu einer festen Baisermasse verquirlen und über dem Teig mit den Stachelbeeren verstreichen.
〉 Den Kuchen im vorgeheizten Backofen auf mittlerer Schiene bei 180 °C Umluft ca. 40 Min. backen, bis die Baisermasse eine leicht goldbraune Färbung angenommen hat.

Zutaten

750 g Stachelbeeren
5 Eier
175 g weiche Butter
350 g Zucker
1 Pck. Vanillezucker
3–4 EL Milch
300 g Mehl
½ Pck. Backpulver

MIRABELLEN

Es gibt sie nicht allzu häufig, aber wer einen Mirabellenbaum in seinem Garten hat, kann sich glücklich schätzen. Denn in ihrem aromatisch-süßen Geschmack steht die kleine gelbe Mini-Zwetschge ihren großen Verwandten in nichts nach.

RUND UM DIE MIRABELLE

> In der französischen Region Lothringen befindet sich das größte europäische Anbaugebiet der kleinen gelben Früchte.

> Am besten schmecken Mirabellen frisch geerntet. Sie gehören zu den leicht verderblichen Obstsorten und sind im Kühlschrank im Folienbeutel verpackt ca. 2–3 Tage haltbar.

> Die vitaminreichen und säurearmen Mirabellen sind zum Einkochen und Einfrieren hervorragend geeignet.

Zutaten

Für den Teig:
250 g Mehl
125 g Butter
65 g Zucker
1 Ei
1 EL Butter zum Einfetten der Form

Für den Belag:
400 g Mirabellen
200 g Schmand
100 g Marzipanrohmasse
2 EL Zucker
1 Pck. Vanillezucker
1 Ei
2 EL Aprikosenkonfitüre
1 EL Mirabellen- oder Aprikosenlikör
1 ½ EL Puderzucker

Mirabellen-Marzipan-Knödel

Zutaten

für 4 Portionen

750 g Fertigteig für Kartoffelklöße

200 g gemahlene Haselnüsse

½ unbehandelte Zitrone

16 Mirabellen

200 g Marzipanrohmasse

4 EL Puderzucker

50 g Semmelbrösel

50 g Butter

Zubereitung

⟩ Den Kartoffelkloßteig mit 150 g der gemahlenen Nüsse verkneten.
⟩ Zitronenschale fein abreiben und mit dem Teig verkneten.
⟩ Die Mirabellen aufschneiden, den Stein herausholen und die Öffnung großzügig mit der Marzipanrohmasse befüllen.
⟩ Den Kloßteig in hühnereigroße Portionen teilen, die gefüllten Mirabellen damit umhüllen und zu kleinen, festen Knödeln formen.
⟩ In einem großen Topf leicht gesalzenes Wasser zum Kochen bringen, vom Herd nehmen, die Kartoffelknödel hineingeben und bei geschlossenem Deckel ca. 5 Min. ziehen lassen.
⟩ Die Knödel herausnehmen und gut abtropfen lassen.
⟩ Die restlichen 50 g gemahlene Nüsse mit den Semmelbröseln und dem Puderzucker vermischen. Die Butter in einer Pfanne zerlassen, die Nuss-Semmelbrösel-Mischung darin verrühren und die heißen Knödel darin schwenken.
⟩ Die ummantelten Marillenknödel auf Tellern anrichten und sofort servieren.

Mirabellen-Tarte

Zubereitung

⟩ Mirabellen waschen, halbieren und entsteinen.
⟩ Eine Tarte-Form (22 cm Durchmesser) mit 1 EL Butter einfetten.
⟩ Das Mehl mit Butter, Zucker und einem Ei zu einem glatten Teig verkneten und ca. 1 Std. ruhen lassen. Anschließend die Tarte-Form mit dem Teig auslegen und ihn an den Rändern nach oben ziehen.
⟩ Für den Belag den Schmand mit dem Marzipan verrühren und anschließend Zucker, Vanillezucker und Ei untermischen.
⟩ Die Mirabellenhälften auf dem Teig in der Form verteilen, die Schmand-Marzipan-Masse darübergießen und im vorgeheizten Backofen bei 170 °C Umluft ca. 40–50 Minuten backen.
⟩ Die Aprikosenkonfitüre mit dem Likör verrühren, auf der noch warmen Tarte verstreichen und alles mit Puderzucker bestäuben.

Variante: Eine besondere Note erhält die Tarte, wenn man der Schmand-Marzipan-Masse 3 EL Mohn hinzufügt.

AUBERGINEN

Die zu den Nachtschattenge-
wächsen zählende Aubergine,
auch „Eierfrucht" genannt,
stammt ursprünglich aus Asien
und findet vor allem in vielen
köstlichen Gerichten der orien-
talischen und der mediterranen Küche Verwendung.

AUBERGINEN-MOUSSAKA MIT FETA

Zutaten
für 4 Portionen

4 große Auberginen
10 EL Olivenöl
4 – 5 Kartoffeln
1 Zwiebel
2 Knoblauchzehen
500 g Tomaten in Stücken
3 EL Tomatenmark
3 EL frische Petersilie
4 frische Minzblätter
(klein gehackt)
1 TL Oregano
1 TL Rosmarinpulver
3 TL cremiger Balsamico-
Essig
1 TL brauner Zucker
180 g Feta
250 g Mozzarella
Salz und schwarzer Pfeffer

Zubereitung

⟩ Die Auberginen waschen, in Scheiben schneiden, mit Salz und
  Pfeffer würzen und portionsweise in 7 EL Öl goldbraun aus-
  backen. Auf Küchenpapier abtropfen lassen.
⟩ Die Kartoffeln schälen, waschen, in kleine Würfel schneiden und
  in Salzwasser ca. 10 Min. vorkochen. Dann das Wasser abgießen
  und die Kartoffelwürfel in einem Sieb abtropfen lassen.
⟩ Die Zwiebel und die Knoblauchzehen schälen und fein hacken.
⟩ Die Zwiebel- und Knoblauchstückchen in einer Pfanne im rest-
  lichen Öl anbraten. Die Tomaten, das Tomatenmark und alle
  Kräuter hinzufügen, dann Balsamico und Zucker unterrühren.
  Alles bei schwacher Hitze 10 Min. köcheln lassen. Mit Salz und
  Pfeffer abschmecken.
⟩ Den Feta zerbröseln und bereitstellen.
⟩ Den Mozzarella abtropfen lassen und in Scheiben schneiden.
⟩ Eine ofenfeste Auflaufform mit etwas Olivenöl auspinseln, die
  Hälfte der Auberginen mit der Tomatensoße darin verteilen, mit
  den Kartoffelwürfeln bedecken und diese anschließend mit Feta
  bestreuen. Die restlichen Auberginen darübergeben und mit
  den Mozzarellascheiben belegen. Mit Salz und Pfeffer würzen.
⟩ Den Auflauf im vorgeheizten Backofen bei 180 °C Umluft
  ca. 30 – 40 Min. backen.

AUBERGINEN-ANTIPASTI

Zutaten

für 4 Portionen

2 große Auberginen
1 große Knoblauchzehe
1 Bd. frische Petersilie
6 EL Olivenöl
Salz und schwarzer
Pfeffer, frisch gemahlen

Zubereitung

> Die Auberginen waschen, abtrocknen und in dünne Scheiben schneiden. Mit Salz bestreuen, 5 Min. ziehen lassen und trocken tupfen.

> Die Knoblauchzehe schälen und sehr fein hacken.

> Die Petersilie waschen, trocken tupfen und fein hacken.

> Das Olivenöl in einer großen beschichteten Pfanne erhitzen, den Knoblauch darin andünsten und die Auberginen nach und nach portionsweise goldbraun anbraten.

> Die gebratenen Auberginenscheiben auf einer großen Platte anrichten, mit Salz und Pfeffer würzen und mit der gehackten Petersilie bestreuen.

> Die Platte mit Frischhaltefolie abdecken und die Auberginen vor dem Servieren ca. 1–2 Std. durchziehen lassen.

PAPRIKA

Paprikaschoten gibt es in vielen verschiedenen Farben, Formen und Größen. Bei uns finden vor allem die milden Gemüsepaprika-sorten Verwendung. Peperoni und Chilischoten bringen dagegen Feuer in die Töpfe.

PAPRIKA-REIS-PFANNE MIT HÄHNCHEN

Zutaten
für 4 Portionen

250 g Langkornreis
1 rote Paprika
1 gelbe Paprika
1 orangefarbene Paprika
3 Zwiebeln
2 Knoblauchzehen
400 g Hähnchenbrustfilet
4 EL Olivenöl
200 ml Gemüsebrühe
500 g Tomaten in Stücken
2 EL scharfes Paprikapulver
1 TL Zucker
Salz und schwarzer Pfeffer
1 Frühlingszwiebel

Zubereitung
⟩ Den Reis in leicht gesalzenem Wasser garen, gut abtropfen lassen und beiseitestellen.
⟩ Die Paprikaschoten waschen, entkernen und in gleich große Stücke schneiden.
⟩ Zwiebeln und Knoblauch schälen, die Zwiebeln fein würfeln, den Knoblauch sehr fein hacken.
⟩ Die Hähnchenbrustfilets in gleichmäßige, kleine Stücke schneiden und mit Salz und Pfeffer würzen.
⟩ Das Olivenöl in einer großen Pfanne erhitzen und das Fleisch darin von allen Seiten goldbraun anbraten. Die Paprikastücke, Zwiebeln und Knoblauch hinzufügen und 5–10 Min. mitbraten.
⟩ Gemüsebrühe, Tomatenstücke und den Reis dazugeben, alles gut verrühren, dann das Paprikapulver und den Zucker hinzufügen und nach Belieben mit Salz und Pfeffer nachwürzen.
⟩ Die Reispfanne bei geschlossenem Deckel und schwacher Hitze ca. 10–15 Min. köcheln lassen, auf Tellern anrichten, mit Frühlingszwiebelröllchen garnieren und servieren.

Feuerroter Oktopus

Da macht kleinen Küchenhelfern das Mitmachen Spaß: Der knallrote Oktopus ist kinderleicht und im Handumdrehen nachgebaut: Zwei rote Paprika gut waschen und trocknen. Dann von der einen den grünen Strunk mit Deckel abschneiden und die Kerne entfernen. Die andere Schote halbieren und entkernen. Eine Hälfte in Längsrichtung in dünne Streifen schneiden und diese als Beine um die mit der Öffnung nach unten gestellte Paprika drapieren. Von einer Mini-Mozzarella-Kugel zwei dünne Scheiben abschneiden und mit etwas Quark als Augen an die Paprika kleben. Zwei Tupfer cremiger Balsamico ergeben die Pupillen. Besonders gut macht sich der Oktopus auf frischem Kräuterquark – mhmmm, lecker!

Gefüllte Paprika mit Radieschen-Kräuterquark

Zutaten

für 4 Portionen

1 Bd. Radieschen (ca. 8–10 Stck.)
1 Bd. glatte Petersilie
1 Bd. Schnittlauch
10 Basilikumblätter
300 g Quark
200 g Crème fraîche
½ TL Zucker
Salz und schwarzer Pfeffer, frisch gemahlen
4 rote Spitzpaprika

Zubereitung

⟩ Die Radieschen von Blättern und Wurzeln befreien, dann waschen und mit dem Gemüsehobel fein raspeln.
⟩ Die Kräuter waschen, gut trocken tupfen. Den Schnittlauch in kleine Röllchen schneiden, die Petersilie und die Basilikumblätter fein hacken.
⟩ Den Quark mit Crème fraîche verrühren, Radieschen, Kräuter und Zucker hineinrühren und mit Salz und Pfeffer würzen.
⟩ Die Paprikaschoten waschen und trocknen, jeweils den Deckel mit dem grünen Strunk entfernen und die Kerne herausnehmen, sodass das Innere ausgehöhlt und leer ist.
⟩ Die Schoten mit dem Radieschen-Kräuterquark befüllen und auf einem flachen Teller anrichten.

Herbstküche

Leckere Ernte – der Herbst tischt auf

Ernte und Farbenpracht

Wenn die Tage wieder kürzer werden und die Sonne die Gärten in herbstliches Licht taucht, ist die Erntesaison noch lange nicht vorbei. Im Garten und auf den Märkten locken nun Kürbisse, goldgelbe Quitten, knackige Äpfel, süße Birnen, vitaminreiches Hägenmark …

Neben dem Ernten heißt es jetzt für Gärtner, die Beete für den Winter vorzubereiten. Die Arbeit an der frischen Luft macht Appetit. Mit den sinkenden Temperaturen verlangt unser Körper auch wieder zunehmend nach wärmenden Speisen. Gern darf die Zubereitung in der Küche nun wieder etwas mehr Zeit in Anspruch nehmen – v. a., wenn mehrere Köche mitmachen.

Geradezu ein Klassiker der Herbstküche ist der Kürbis. Ähnlich wie Kartoffeln, Brokkoli und Lauch eignet er sich wunderbar für die Zubereitung feiner Cremesuppen. Auch der Knollensellerie ist sehr vielseitig – wie wär's mit einem knusprigen vegetarischen Sellerieschnitzel? Ein echtes Comeback feiert die Quitte. Sie ist nicht nur reich an Nährstoffen, sondern verleiht herzhaften Gerichten auch einen raffinierten Touch.

Und was gibt es Herrlicheres, als im Garten die Herbstsonne und die Farbenpracht der „Goldenen Jahreszeit" mit einem leckeren Stück Pflaumenkuchen zu genießen? Verlockende Angebote – wer wollte da noch dem Sommer nachtrauern?

ENDIVIE

Der Endiviensalat schmeckt nicht jedem. Grund dafür sind die in ihm enthaltenen Bitterstoffe. Doch gerade die machen ihn so unglaublich gesund – und können mit ein paar einfachen Tricks auch gemildert werden.

ENDIVIENSALAT MIT APFEL

Zutaten
für 4 Portionen
1 Endiviensalat
1 kleine Zwiebel
2 Äpfel
2 TL Zitronensaft

Für das Dressing:
60 ml Gemüsebrühe
50 ml weißer Balsamico-Essig
50 ml Olivenöl
3 TL Zitronensaft
4 TL mittelscharfer Senf
1 TL brauner Zucker
Salz und Pfeffer

Zubereitung
› Den Endiviensalat gründlich waschen, in der Salatschleuder trocken schleudern, die Blätter in schmale Streifen schneiden und in eine Schüssel geben.
› Die Zwiebel schälen, fein hacken und unter die Salatstreifen mischen.
› Die Äpfel waschen, vierteln und die Kerngehäuse entfernen.
› Die Viertel in hauchdünne Scheiben schneiden, mit Zitronensaft beträufeln und ebenfalls zum Salat geben.
› Alle Zutaten des Dressings gut verrühren. Das Dressing unter die Salatstreifen und Apfelscheiben mischen und servieren.

 **Da steckt viel drin**

Die Blätter des Endiviensalats enthalten überdurchschnittlich viel Betakarotin, außerdem sind sie reich an Kalzium, Kalium, Folsäure und Phosphaten. Auch die Bitterstoffe haben es in sich: Sie haben eine positive Wirkung auf die Verdauung und sind appetitanregend.

WENIGER BITTER

Endivien gehören – ebenso wie Chicorée und Radicchio – zur Familie der Bitterstoffe enthaltenden Zichoriengewächse. Wer den bitteren Geschmack des Endiviensalats nicht mag, legt die Salatblätter einfach kurz in lauwarmes Wasser – so gehen die Bitterstoffe weitgehend verloren. Auch die Zugabe von Zucker bei der Zubereitung des Dressings kann den bitteren Geschmack etwas abmildern.

KARTOFFEL-ENDIVIEN-PÜREE

Zutaten
für 4 Portionen

1 kg mehligkochene Kartoffeln
Salz
200 ml Milch
Pfeffer
Muskat
1 Endiviensalat
1 Zwiebel
4 EL Kräuteressig
Salz
Pfeffer
2 EL Olivenöl
2 EL mittelscharfer Senf

Zubereitung

⟩ Die Kartoffeln schälen und in Salzwasser garen. Dann das Wasser abgießen und die Kartoffeln mit dem Kartoffelstampfer zerdrücken.

⟩ Die Milch erhitzen, Pfeffer und Muskat hinzufügen, die heiße Milch über die Kartoffeln gießen und alles zu einem feinen Püree zerstampfen.

⟩ Den Endiviensalat gründlich waschen, trocken schleudern und in feine Streifen schneiden. Die Zwiebel fein hacken, mit Essig, Salz, Pfeffer, Öl und Senf zu einem Dressing anrühren und unter den Salat mischen.

⟩ Den Salat unter das Kartoffelpüree heben. Das Gericht portionsweise in kleinen Schalen anrichten und sofort servieren.

Das passt dazu: Das Endivien-Kartoffel-Püree schmeckt hervorragend zu deftigen Fleischspeisen wie Kassler oder zu gebratenem Speck. Dazu ein kühles Bier, und der Genuss ist perfekt!

FELDSALAT

Wenn es um Lieblingssalate geht, spielt der Feldsalat ganz vorn mit. Man kann ihn mit sehr vielen Zutaten kombinieren – sowohl mit herzhaftem Speck als auch mit verschiedenen Früchten ist er ein wahrer Hochgenuss.

FELDSALAT MIT HONIG-ZIEGENKÄSE UND HIMBEERDRESSING

Zutaten
für 4 Portionen

250 g Feldsalat
50 g Himbeeren
4 Portionen frisch vom Stück geschnittener Ziegenkäse
4 EL Honig

Für das Dressing:
5 EL Walnussöl
3 EL Himbeer-Balsamico-Essig
¼ TL mittelscharfer Senf
Salz und schwarzer Pfeffer

Zubereitung

〉 Den Feldsalat putzen, gründlich waschen und trocken schleudern.
〉 Die Himbeeren waschen und trocken tupfen.
〉 Das Walnussöl, den Himbeer-Balsamico sowie den Senf gut verrühren und mit Salz und Pfeffer abschmecken.
〉 Das Dressing unter den Feldsalat mischen. Den Salat portionsweise auf Tellern anrichten und mit den Himbeeren dekorieren.
〉 Die Ziegenkäsestücke mit je 1 EL Honig bestreichen, auf ein mit Backpapier ausgelegtes Backblech setzen und im vorgeheizten Backofen bei 200 °C Umluft ca. 3 Min. backen, bis der Käse zu zerlaufen beginnt.
〉 Herausnehmen, auf die Teller mit dem Salat und den Himbeeren verteilen und sofort servieren.

Das passt dazu: Frisches Schwarzbrot oder Vollkornbaguette sind besonders gut als herzhafte Beilage geeignet.

Feldsalat mit Champignons

Zutaten
für 4 Portionen

200 g Feldsalat
100 g Champignons

Für das Dressing:
5 EL Walnussöl
3 EL cremiger Balsamico-Essig
1 TL mittelscharfer Senf
1 kleine Knoblauchzehe
Salz und schwarzer Pfeffer

Zubereitung
› Den Feldsalat gründlich putzen, waschen und trocken schleudern.
› Die Champignons putzen und in feine Scheiben schneiden.
› Das Walnussöl in einer kleinen Schüssel mit dem Balsamico und dem Senf verrühren.
› Den Knoblauch schälen, zerdrücken und unterrühren und das Dressing mit Salz und Pfeffer abschmecken.
› In einer großen Schüssel die Champignons unter den Feldsalat mischen, das Dressing dazugeben und unterheben.
› Den Salat in kleinen Schälchen anrichten und sofort servieren.

VITAMINSPENDER
Die kleine robuste Salatpflanze, die zu den Baldriangewächsen zählt und selbst Minusgrade im zweistelligen Bereich überstehen kann, wird sowohl im Freiland als auch im Gewächshaus kultiviert.

Feldsalat ist reich an Provitamin A und Vitamin C, er enthält viel Eisen, Kalzium und Kalium. Damit diese wichtigen Nährstoffe nicht verloren gehen, ist es ratsam, Feldsalat möglichst erntefrisch zu verwenden.

KARTOFFELN

Anfangs taten sich die Deutschen schwer mit der bereits 1565 im Land bekannten Frucht. Erst der „Kartoffelbefehl" Friedrichs des Großen machte 1756 seinen Untertanen den Kartoffelanbau begreiflich und sorgte für den rasanten Aufstieg der Erdäpfel zu einem Hauptnahrungsmittel. Diesen Status hat die Kartoffel bis heute bewahrt.

 TIPPS FÜR KÖCHIN UND KOCH

Wegen ihrer sehr schlecht verdaulichen Stärke müssen Kartoffeln gegart werden. Am besten bringt man sie als Pellkartoffeln auf den Tisch, aber auch bei diesen müssen zuvor die das Gift Solanin enthaltenden grünen Stellen und Keime (Augen) entfernt werden. Geschälte Kartoffeln werden vor dem Kochen am besten gar nicht zerteilt und keineswegs gewässert, um den Verlust an wertvollen Inhaltsstoffen zu minimieren. Zum Kochen möglichst wenig Wasser verwenden!

Gnocchi mit Pilzsosse

Zutaten
für 4 Portionen

1 kg mehligkochende
Kartoffeln
1 Ei
220 g Mehl
Muskat
500 g gemischte Pilze
1 Schalotte
1 Knoblauchzehe
2 EL Pflanzenöl
100 ml Weißwein
150 ml Geflügelbrühe
100 ml Sahne
100 g Crème fraîche
Salz und Pfeffer
1 EL Schnittlauchröllchen
1 EL gehackte Petersilie

Zubereitung

› Die Kartoffeln waschen und in Salzwasser gar kochen. Abgießen, schälen, durch die Kartoffelpresse drücken und ausdampfen lassen. Das Ei und das Mehl zu den Kartoffeln geben. Mit Salz und Muskat würzen. Alles zu einem Teig verkneten. Daraus auf bemehlter Arbeitsfläche etwa fingerdicke Rollen formen und ca. 2 cm lange Stücke abschneiden. Mit einer Gabel leicht eindrücken und mit einem Küchentuch bedeckt etwa 10 Min. ruhen lassen.

› Die Pilze putzen, große halbieren. Die Schalotte und den Knoblauch schälen und beides fein hacken. Die Pilze in einer heißen Pfanne im Öl goldbraun anbraten. Schalotte und Knoblauch kurz mitschwitzen, mit Wein ablöschen und einreduzieren lassen. Die Brühe und die Sahne angießen, die Crème fraîche einrühren, leicht sämig köcheln lassen und mit Salz und Pfeffer abschmecken.

› Die Gnocchi in kochendes Salzwasser geben, 8–10 Min. ziehen lassen. Die Gnocchi sind gar, wenn sie an der Wasseroberfläche schwimmen.

› Die Gnocchi gut abtropfen lassen und auf tiefe Teller verteilen. Die Pilzsauce darübergeben und mit den Kräutern bestreut servieren.

Kartoffelvielfalt

Die Kartoffelsorten werden nach Kocheigenschaften und Erntezeitpunkt kategorisiert.

Die KOCHEIGENSCHAFTEN sind für die Sortenwahl je nach Gericht entscheidend. Festkochende Kartoffeln zerfallen beim Kochen nicht und sind für Salate, Salz- und Pellkartoffeln perfekt. Bei vorwiegend festkochenden Sorten ist das Fleisch nach dem Kochen weniger fest, sie eignen sich für Bratkartoffeln, Rösti, Kartoffelpuffer, Gratins etc. Mehligkochende Sorten zerfallen besonders leicht und werden daher gern für Püree und Knödel verwendet.

Von der SORTENWAHL hängt die Lagerfähigkeit der Knollen ab. Die frühen Sorten (Erntezeit: Juli) sind lediglich 2–3 Wochen lagerfähig; mittelfrühe Sorten (Erntezeit: August und September) können bis zum Jahresende gelagert werden, späte Sorten (Erntezeit ab September) bis ins folgende Frühjahr.

Kartoffelsalat mit Gurke

Zutaten

für 4 Portionen

500 g festkochende
Kartoffeln
1 Salatgurke
1 Bd. Schnittlauch
125 ml Gemüsebrühe
1 Bd. Frühlingszwiebeln
4 EL Olivenöl
1 EL Senf
4 EL Weißweinessig oder
weißer Balsamico
Salz und Pfeffer

Zubereitung

> Die Kartoffeln mit der Schale kochen, anschließend pellen und noch warm in dünne Scheiben schneiden.
> Die Gurke waschen und in dünne Scheiben hobeln.
> Den Schnittlauch in Röllchen schneiden.
> Die Gemüsebrühe erhitzen. Die Frühlingszwiebeln in feine Röllchen schneiden und in die Brühe geben. Öl, Senf und Essig hinzufügen, alles durchmischen, mit Salz und Pfeffer abschmecken.
> Die Salatsoße unter die Kartoffeln heben, Gurken untermischen und mit Schnittlauch garnieren.

 ## Unterschätzte Knolle

Kartoffeln haben nur wenige Kalorien, aber zahlreiche Nährstoffe. Ihr Hauptbestandteil ist Stärke (15 %), dazu liefern sie reichlich Vitamine (v. a. Vitamin C) und Mineralstoffe (v. a. Kalium, Magnesium und Kupfer) sowie hochwertiges Pflanzeneiweiß, das in Verbindung mit Quark, Käse oder Eiern eine ebenso hochwertige Eiweißkombination ergibt wie die von Fleisch.

 Pommes selber machen – ganz ohne Fritteuse

Wenn es um Pommes geht, sind Kinder sofort dabei – bei selbst zubereiteten umso mehr! So geht's:
1 kg Kartoffeln 10–15 Min. in Salzwasser vorkochen, Wasser abgießen, Kartoffeln schälen und in ca. 1×1 cm dicke Stifte schneiden. Je dünner die Stifte, desto krosser die Pommes! Die Kartoffelstifte in einer großen Schüssel mit 5 EL Olivenöl vermischen, nebeneinander auf ein mit Backpapier ausgelegtes Blech legen und im vorgeheizten Backofen bei 200 °C (Umluft) ca. 20–30 Min. backen.
Nach etwa 10 Min. die Stifte wenden, damit sie gleichmäßig braun werden. Haben die Pommes die gewünschte Bräune erreicht, nimmt man das Blech aus dem Ofen, bestreut die Pommes mit Salz, und dann heißt es: genießen!

ORIENTALISCHE KARTOFFELSUPPE

Zutaten
für 4 Portionen

600 g vorwiegend fest-
kochende Kartoffeln
300 g Blumenkohl
1 Zwiebel
2 Knoblauchzehen
20 g Ingwer
1–2 EL Ghee
2–3 EL Currypulver
1 TL gem. Koriander
1 TL gem. Kreuzkümmel
1 TL Paprikapulver,
edelsüß
1 Msp Zimtpulver
150 g rote Linsen
4 EL Erdnusskerne
3–4 Stängel Koriander-
grün
4–5 EL Joghurt
Salz
1 Limette (Saft)

Zubereitung

> Die Kartoffeln schälen und klein würfeln.
> Den Blumenkohl waschen und in mundgerechte Röschen teilen.
> Die Zwiebel, den Knoblauch und den Ingwer schälen und alles fein hacken.
> Das Ghee in einen heißen Topf geben und darin Zwiebeln, Knoblauch und Ingwer anbraten. Currypulver, Koriander, Kreuzkümmel, Paprika und Zimt dazustreuen und kurz mitbraten.
> Mit ca. 500 ml Wasser ablöschen. Kartoffeln und Blumenkohl dazugeben. Im geschlossenen Topf 15–20 Min. köcheln lassen.
> In den letzten ca. 10 Min. die Linsen hinzufügen. Falls nötig, Wasser ergänzen.
> Die Erdnüsse in einer Pfanne ohne Fett hellbraun rösten. Herausnehmen und grob hacken.
> Den Koriander abbrausen, trocken schütteln und die Blätter abzupfen.
> Etwa $\frac{1}{3}$ der Suppe abnehmen und mit Joghurt fein pürieren. Zur restlichen Suppe geben. Mit Salz und Limettensaft abschmecken.
> Mit Koriander und Nüssen bestreut servieren.

ÄPFEL

Im Herbst beginnt in Deutschland die Apfelsaison. Das beliebte knackig-süße Obst wird gern frisch verzehrt, und manche Sorten sind bei guter Lagerung bis ins Frühjahr hinein haltbar. Aber auch gekocht oder gebacken schmecken Äpfel einfach köstlich.

APFEL-SELLERIE-AUFSTRICH

Zutaten
für 4 Portionen
1 Stange Sellerie
1 großer Apfel
½ TL Currypulver
2 EL Milch
200 g Frischkäse
Salz und Pfeffer

Zubereitung
> Den beblätterten Teil der Selleriestange abschneiden, die zähen äußeren Fasern entfernen (abschälen). Die Stange waschen, trocken tupfen und fein hacken.
> Den Apfel schälen, vierteln und das Kerngehäuse entfernen. Die Viertel grob raspeln.
> Das Currypulver mit der Milch verquirlen und dann mit dem Frischkäse zu einer homogenen, lockeren Masse verrühren.
> Apfel und Sellerie zufügen, alles vermengen und mit Salz und Pfeffer abschmecken.

Das passt dazu: Der fruchtige Aufstrich schmeckt auf Brot sowie als Beilage zu frischen Pellkartoffeln.

FRÜHÄPFEL UND LAGERÄPFEL

Bei Apfelsorten wird zwischen Früh- und Lagersorten unterschieden. Erstere können bereits ab Anfang August geerntet werden, sind jedoch nicht für die Lagerung geeignet. Die Saison der Lageräpfel beginnt im September. Diese Apfelsorten reifen nach der Ernte nach, entfalten also erst später ihr volles Aroma. Lageräpfel schmecken meist süßer als Frühäpfel, sie verlieren jedoch mit der Zeit ihre Vitamine, werden runzlig und mehlig.

Elsässer Apfelkuchen

Zutaten

Für den Teig:
180 g Mehl
120 g Butter
1 EL Zucker
1 Prise Salz
3 EL kaltes Wasser
3–4 Äpfel

Für den Guss:
100 g Zucker
3 Eier
$\frac{1}{8}$ l Schlagsahne
2 Tropfen Vanille-Essenz

Zubereitung

> Mehl, Butter, Zucker, Salz und Wasser zu einem Teig verkneten und eine eingefettete Quiche-Backform (22 cm Durchmesser) damit auslegen. Den Teig an den Rändern möglichst hochziehen.

> Die Äpfel schälen, halbieren, die Kerngehäuse entfernen und die Hälften mehrfach tief einschneiden.

> Die Apfelhälften auf dem Teigboden in der Backform verteilen und den Boden mit dem Obst im vorgeheizten Backofen bei 200 °C (Umluft) 20–25 Min. backen.

> In der Zwischenzeit alle Zutaten für den Guss verquirlen, diesen auf den vorgebackenen Boden mit den Äpfeln gießen und weitere 20–30 Min. fertig backen, bis der Guss goldbraun ist.

MARONEN

Esskastanien – auch Maronen, Maroni oder Keschde genannt – zählen in der Herbst- und Winterzeit zu den kulinarischen Highlights. Geröstet, gekocht, gebacken oder püriert werden sie für die Zubereitung vieler süßer und herzhafter Gerichte verwendet.

MARONENMOUSSE

Zutaten

für 4 Portionen

400 g gekochte und
geschälte Maronen
3 EL Mascarpone
6 EL Milch
4 Eier
1 Pck. Vanillezucker
4 EL Puderzucker
2 EL Eierlikör
½ l Schlagsahne

Zubereitung

⟩ Die Maronen mit Mascarpone und Milch zu einer feinen, homogenen Masse pürieren.
⟩ Die Eier schaumig schlagen, dann Vanillezucker, Puderzucker, Eierlikör und Maronenpüree unterrühren.
⟩ Die Sahne steif schlagen und unter die Maronen-Eier-Masse heben.
⟩ Alles gut vermischen, auf Dessertschälchen verteilen und vor dem Servieren ca. 2–3 Std. kalt stellen.

Variante: Mit der Zugabe von 100 g geraspelter Bitterschokolade verleiht man der Maronenmousse einen besonderen, leicht herben Geschmack. Wenn Kinder mitessen, den Eierlikör weglassen.

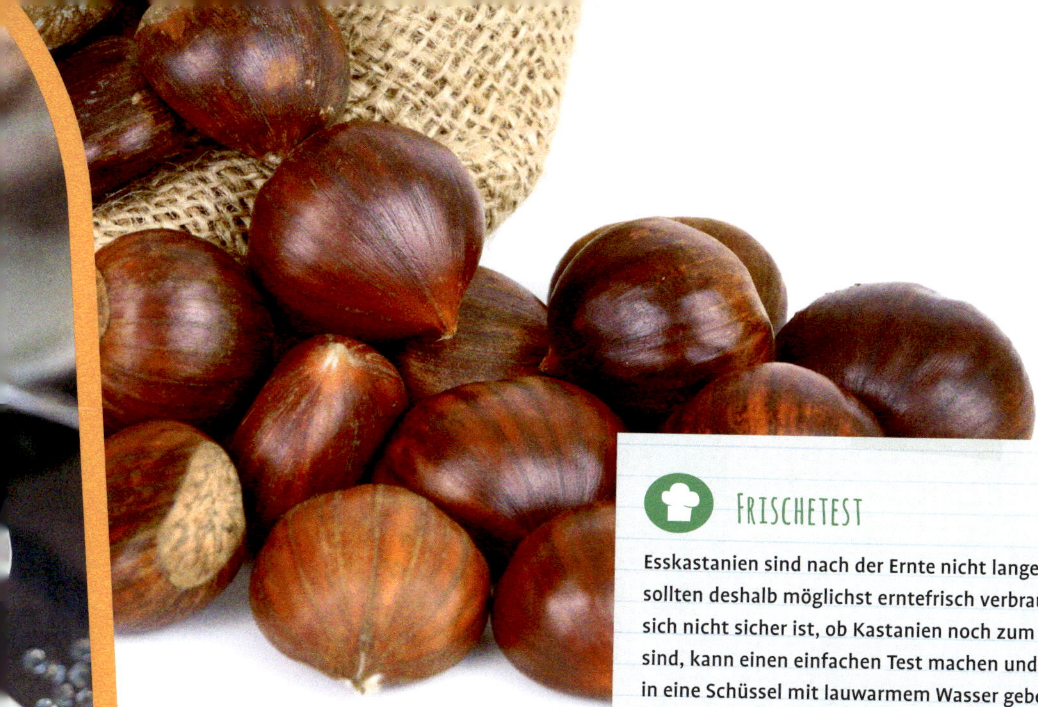

Frischetest

Esskastanien sind nach der Ernte nicht lange haltbar und sollten deshalb möglichst erntefrisch verbraucht werden. Wer sich nicht sicher ist, ob Kastanien noch zum Verzehr geeignet sind, kann einen einfachen Test machen und die Kastanien in eine Schüssel mit lauwarmem Wasser geben: Sinken die Kastanien nach unten, sind sie noch frisch, schwimmen sie an der Oberfläche, sollten sie nicht mehr verwendet werden.

Maronensuppe

Zutaten

für 4 Portionen

150 g Knollensellerie
2 EL Butter
750 g gekochte und geschälte Maronen
1,5 l Gemüsebrühe
¼ l Schlagsahne
200 g Crème fraîche
Salz und Pfeffer

Zubereitung

- Den Sellerie schälen und in kleine Würfel schneiden. Die Butter in einem großen Topf erhitzen und die Selleriewürfel darin andünsten.
- Die Gemüsebrühe und die Maronen hinzugeben, aufkochen und alles bei schwacher Hitze ca. 25 Min. köcheln lassen.
- Die Schlagsahne und Crème fraîche dazugeben, alles noch einmal aufkochen und vom Herd nehmen. Die Maronen und den Sellerie mit einem Pürierstab fein pürieren und das Ganze mit Salz und Pfeffer abschmecken.

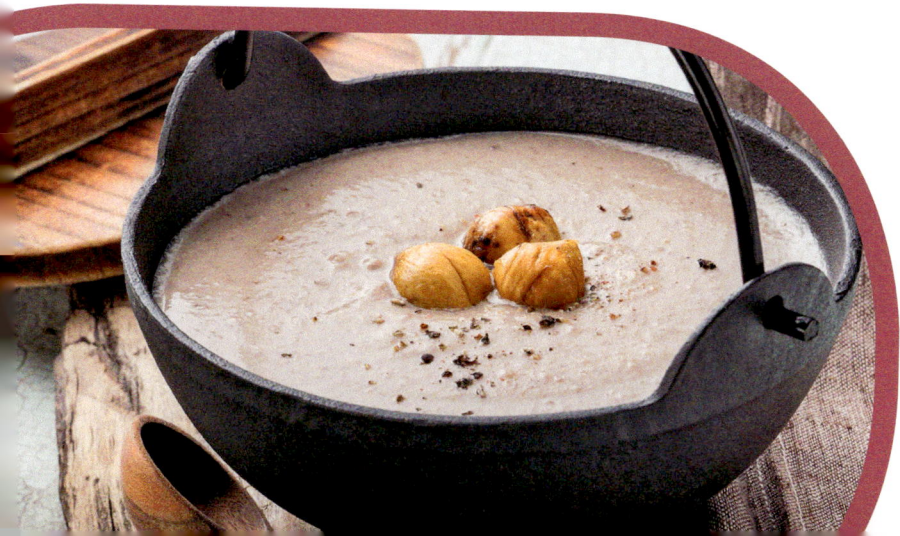

WEINTRAUBEN

Herbtszeit ist Traubenzeit! Die süßen runden Beeren sind nicht nur zum Keltern gut, sondern schmecken frisch, gekocht, gebacken oder getrocknet in vielen leckeren Gerichten. Und die Kerne wirken wahre Wunder auf die Gesundheit.

Trauben-Trifle

Zutaten
für 4 Portionen

800 g kernlose Weintrauben
250 ml Schlagsahne
80 g feiner Zucker
1 Pck. Vanillezucker
250 g Mascarpone
250 g Quark
350 g Cookies
4 TL Schokoraspel

Zubereitung

〉 Die Trauben unter lauwarmem Wasser waschen und von den Stielen zupfen.
〉 Die Schlagsahne mit dem Zucker und dem Vanillezucker steif schlagen.
〉 Mascarpone und Quark verrühren und anschließend die Sahne unterheben. Alles gut verrühren.
〉 Die Cookies in einer Schüssel mit einem Mörser zerkleinern.
〉 Eine große Glasschüssel oder 4 hohe Dessertgläser bereitstellen und die Trauben, die Mascarpone-Quark-Creme und die zerstoßenen Cookies abwechselnd darin schichten.
〉 Die oberste Schicht mit der Creme bilden.
〉 Zum Schluss mit den Schokoraspeln bestreuen und vor dem Servieren 1 Std. kalt stellen.

ROSINEN SELBER MACHEN

Durch Trocknen lassen sich Trauben konservieren und zu einem gesunden Snack für Zwischendurch verarbeiten. Dazu müssen frische Trauben zunächst unter lauwarmem Wasser gewaschen und trocken getupft werden.

Schnell geht's im Backofen: Die Trauben einfach auf ein mit Backpapier ausgelegtes Backblech legen und bei 40 °C (Umluft) über mehrere Stunden trocknen lassen. Nach ca. 2 Std. kontrollieren, ggf. wenden und immer wieder nachschauen, bis aus den Trauben Rosinen geworden sind.

TRAUBEN-HÄHNCHEN

Zutaten
für 4 Portionen

4 Hähnchenkeulen
8 Schalotten
8 EL Olivenöl
500 g kernlose Trauben
200 ml Weißwein
300 ml Gemüsebrühe
3 TL getrocknete Majoranblätter
Salz und Pfeffer

Zubereitung

> Die Schalotten schälen, vierteln und zusammen mit den Hähnchenkeulen in eine große feuerfeste Backofenform geben.
> Das Olivenöl hinzufügen, alles gründlich vermischen, mit Salz und Pfeffer würzen und im vorgeheizten Backofen bei 180 °C (Umluft) auf mittlerer Schiene ca. 30 Min. goldbraun braten. Ab und zu wenden.
> Die Trauben waschen und die Stiele entfernen.
> Wein und Brühe in einem Topf kurz aufkochen und zu den Schalotten und den Hähnchenkeulen in die Backofenform geben. Die Trauben und den Majoran hinzufügen und alles zusammen für weitere 15–20 Min. bei 160 °C im Ofen garen.

Das passt dazu: Die Hähnchenkeulen mit Traubenfond schmecken am besten zu knusprig gerösteten Bratkartoffeln oder auch zu locker gekochtem Reis.

 Gesunde Kerne

Die Kerne der Weintrauben schmecken zwar bitter, bergen aber viele wertvolle Vitamine und Inhaltsstoffe. Sie enthalten hochwirksame Antioxidantien, die den Organismus vor freien Radikalen schützen. Außerdem haben Traubenkerne eine darmreinigende, antibakterielle, entzündungshemmende, blutdruckregulierende, blutreinigende und durchblutungsfördernde Wirkung auf den Körper.

DEKORATIV & SCHMACKHAFT

Mit Reben im eigenen Garten schlagen Sie gleich mehrere Fliegen mit einer Klappe: An heißen Sommertagen spendet das dichte Laub Schatten, die Reben sind hübsch anzuschauen und im Herbst fahren Sie die Ernte in Form süßer Trauben ein.

STANDORT & BESCHAFFENHEIT

Der richtige Standort ist das A und O für ein erfolgreiches Anpflanzen von Weinreben. Wein schätzt ein gemäßigtes Klima und reagiert auf strengen, dauerhaften Frost allergisch. Leben Sie in einer Region über 400 m Höhe, könnte es daher schwierig werden mit dem Weinanbau. Achten Sie zudem darauf, dass die Reben ausreichend wärmende Sonnenstrahlen abbekommen: Platzieren Sie die Reben an der sonnigsten Ecke Ihres Gartens. Ideal ist eine schützende Hauswand – der Stein speichert Wärme und gibt sie in kälteren Stunden an die Pflanze ab. Wenn nun noch der Boden nicht zu steinig, kalkhaltig oder sauer ist und eine lockere Beschaffenheit aufweist, sollte dem Anpflanzen des Rebstocks nichts mehr im Wege stehen.

SORTEN

Einige Sorten eignen sich besonders gut für den privaten Anbau, da sie sich auch an klimatisch ungünstigeren Orten behaupten und gegenüber Mehltau und/oder Pilzerregern als widerstandfähig erweisen. Zu diesen gehören beispielsweise die Sorten 'Lakemont', 'Blauer Muskateller', 'Regent' und 'Venus'. Die Vielfalt der Sorten macht es für Laien jedoch schwierig, den Überblick zu behalten. Grundsätzlich ist es daher ratsam, eine Rebschule aufzusuchen, wo Sie eine fachgerechte Beratung erhalten.

Weinreben
im Garten

Anbau

Zwar sind die Monate April und Mai die ideale Zeit für das Pflanzen der Reben, den Boden sollten Sie aber bereits im Herbst des Vorjahres vorbereiten: Das Pflanzloch ca. 40 cm tief und breit graben, das Erdreich auflockern und ggf. eine Drainage einbauen, um Staunässe zu vermeiden. Zur Pflanzzeit setzen Sie den Setzling in das Pflanzloch und füllen es mit Pflanzerde, die mit Humus vermengt ist, schichtweise auf, wobei sie jede Schicht mit Wasser anschlämmen. Sollte die Setzpflanze eine Veredlungsstelle haben, muss diese ca. 4 cm über der Bodenoberfläche liegen. Wichtig: Drücken Sie das Erdreich nur leicht an! Einjährige Reben stützen Sie mit einem Pflanzstab ab. Nachbarreben sollten 1 m, eine Hauswand 20 cm entfernt sein.

Pflege

Reben kommen mit Trockenheit besser zurecht als mit Staunässe. Gießen Sie die Pflanzen an heißen Tagen ca. alle 4–6 Tage. Für eine reiche Ernte entfernen Sie die Triebe ab dem zweiten Jahr im Juni besonders rund um den Wurzelstock. Ist der Wein nur Zierde, kann man der Natur auch freien Lauf lassen. Achten Sie auf Schädlingsbefall und entfernen Sie erkrankte Blätter – das gilt auch für Blätter, die den Reben Licht stehlen.

Ernte

Die Erntezeit beginnt Ende August und kann sich bis in den Oktober erstrecken – je nach Lage und Rebsorte. Reife Trauben erkennen Sie an der sortentypischen Farbe, dem verholzenden Stiel und – ganz simpel – per Geschmackstest.

HAGEBUTTEN

Im Herbst bilden die kleinen roten Wildbeeren hübsche Farbkleckse am Wegesrand. Unter Kennern werden sie in der Küche als wohlschmeckende und vitaminreiche Zutat für Marmeladen, Soßen, Suppen und Chutneys geschätzt.

HAGEBUTTEN-CHUTNEY

Zutaten
900 g Hagebutten
3 rote Zwiebeln
1 Knoblauchzehe
1 walnussgroßes Stück Ingwer
80 ml Wasser
120 ml Weißweinessig
400 g brauner Zucker
1 Prise Nelkenpulver
1 TL zerstoßene Koriandersamen
1 Prise Zimt
1 Prise Cayennepfeffer
Salz, schwarzer Pfeffer
1 säuerlicher Apfel

Zubereitung
› Die Hagebutten unter lauwarmem Wasser waschen und die Blüten und Stiele entfernen. Die Früchte längs aufschneiden, die Kerne entfernen und nochmals waschen.
› Die Zwiebeln schälen und fein hacken, die Knoblauchzehe schälen und zerdrücken, den Ingwer schälen und reiben.
› Die Hagebutten mit Wasser und Essig, den Zwiebeln und dem Zucker in einem Topf aufkochen.
› Alle Gewürze, Ingwer und Knoblauch hinzugeben, gut verrühren, mit Salz und Pfeffer abschmecken und bei schwacher Hitze ca. 80 Min. köcheln lassen. Ab und zu umrühren. Das Ganze pürieren, die klein gewürfelten Apfelstücke dazugeben und weitere 10 Min. kochen lassen.
› Nach dem Einkochen das Chutney vom Herd nehmen, in saubere Twist-Off-Gläser füllen und sofort verschließen.

Das passt dazu: Das süß-saure Hagebuttenchutney schmeckt als Aufstrich auf frischem Brot sowie zu vielen Fleischgerichten und zu Gegrilltem.

🍳 HAGEBUTTENERNTE

Hagebutten sind reich an Vitamin C. Der Gehalt dieses wertvollen Vitamins ist am höchsten, wenn man die kleinen roten Früchte nach dem ersten Frost erntet. Ein weiterer Vorteil ist, dass sich das Fruchtmark einfacher entfernen lässt, wenn die Hagebutten schon einmal gefroren waren.

HAGEBUTTENMARMELADE

🍳 GELIERPROBE

Es empfiehlt sich, beim Kochen nach ca. 5 Min. eine Gelierprobe zu machen: Dazu wird 1 TL der Hagebuttenmarmelade entnommen und auf einen kalten Teller getropft. Wird das Mus beim Abkühlen fest, kann die Marmelade abgefüllt werden, bleibt sie flüssig, sollte sie noch einige Minuten weiter auf dem Herd bleiben.

Zutaten

1 kg Hagebutten
250 ml Apfelsaft
250 ml Kirschsaft
400 ml Wasser
500 g Gelierzucker (2:1)

Zubereitung

> Die Hagebutten unter lauwarmem Wasser waschen und in einen Topf geben.
> Den Kirsch- und Apfelsaft sowie das Wasser hinzugeben und erhitzen.
> Den Saft mit den Hagebutten ca. 15–20 Min. kochen lassen, bis ein Mus entstanden ist. Den Topf vom Herd nehmen und das Hagebuttenmus durch ein feines Sieb in eine Schüssel streichen, damit die Kerne und die feinen Häute entfernt werden.
> Das Mus mit dem Gelierzucker zurück in den Topf füllen, das Ganze nochmals aufkochen und 5–10 Min. kochen lassen.
> Die Marmelade heiß in saubere Twist-Off-Gläser füllen, sofort verschließen und zum Abkühlen mit dem Deckel nach unten abstellen.

ZWIEBELN

Zwiebeln sind echte Allrounder in der Küche. Mit ihrer unvergleichlichen Würze sind sie bei der Zubereitung vieler Gerichte unersetzbar, und auch als Gemüsebeilage gefüllt, geschmort, gebraten oder gebacken sind Zwiebeln ein echter Genuss.

Gefüllte Zwiebeln

Zutaten

für 4 Portionen

4 große Zwiebeln
1 Knoblauchzehe
10 EL Olivenöl
100 g Speck
100 g geriebener Parmesan
1 TL Rosmarinpulver
200 g Crème fraîche
Salz und schwarzer Pfeffer
50 g geriebener Pecorino

Zubereitung

⟩ Die Zwiebeln schälen, in einen Topf mit leicht gesalzenem, kochendem Wasser geben und 15–20 Min. garen.
⟩ Zwiebeln etwas abkühlen lassen, halbieren und dann vorsichtig die mittleren Lamellen herausnehmen, sodass eine kleine Mulde entsteht.
⟩ Die herausgelösten Zwiebelstücke fein hacken.
⟩ Den Knoblauch schälen, zerdrücken und mit den gehackten Zwiebeln und 2 EL Olivenöl in einer beschichteten Pfanne andünsten.
⟩ Den Speck sehr fein würfeln.
⟩ Die Pfanne vom Herd nehmen und Parmesan, Rosmarinpulver, Speck und Crème fraîche mit den angedünsteten Knoblauch-Zwiebeln verrühren. Mit Salz und Pfeffer abschmecken.
⟩ Die Zwiebelhälften in eine feuerfeste Ofenform setzen und die Zwiebel-Käse-Masse gleichmäßig auf die kleinen Mulden darin verteilen.
⟩ Je 1 EL Olivenöl über die Zwiebeln geben und mit dem Pecorino bestreuen.
⟩ Im vorgeheizten Backofen auf mittlerer Schiene bei 180 °C (Umluft) 20–30 Min. garen.

Das passt dazu: Die geschmorten, gefüllten Zwiebeln sind eine abwechslungsreiche Beilage zu vielen Fleischgerichten und ein echter Hingucker auf jedem Party- oder Grillbuffet.

MEDITERRANE ZWIEBEL-TARTE

Zutaten

5 mittelgroße rote Zwiebeln
1 Rolle Blätterteig (Kühlregal)
2 Stangen Frühlingszwiebeln
1 Knoblauchzehe
2 EL Butter
6 EL flüssiger Honig
200 g schwarze Oliven ohne Stein
300 g Ziegenfrischkäse
3 Eier
6 EL Sahne
Salz und schwarzer Pfeffer

Zubereitung

> Eine Tarte-Form (28 cm Durchmesser) mit dem Blätterteig auslegen. Überstehende Ränder abschneiden.
> Die Zwiebeln schälen und in feine Ringe schneiden.
> Die Frühlingszwiebeln waschen, trocken tupfen und in feine Röllchen schneiden.
> Den Knoblauch schälen und zerdrücken.
> Die Zwiebeln, Frühlingszwiebeln und den Knoblauch in einer beschichteten Pfanne bei geschlossenem Deckel in Butter andünsten.
> Den Honig hinzugeben und die Zwiebeln ca. 15–20 Min. karamellisieren lassen.
> Die Oliven unter die Zwiebeln mischen, mit Salz und Pfeffer würzen und alles bei geschlossenem Deckel weitere 5 Min. garen. Dann vom Herd nehmen und abkühlen lassen.
> Den Ziegenfrischkäse mit den Eiern sowie der Sahne verquirlen, mit Salz und Pfeffer würzen. Die Masse mit den Zwiebeln und den Oliven vermischen.
> Den Guss auf dem Teig in der Form verteilen und die Tarte im vorgeheizten Backofen auf mittlerer Schiene bei 180 °C (Umluft) 25–30 Min. backen.

PFLAUMEN

Zu den unverkennbaren Herbstboten zählen die Echten Pflaumen bzw. ihre nahen Verwandten, die Zwetschgen. Ihr fruchtiger Geschmack lässt sich gut mit allen möglichen Gewürzen kombinieren, sowohl in der süßen als auch in der herzhaften Küche.

KAISERSCHMARRN MIT ZIMTPFLAUMEN

Zutaten

für 4 Portionen

500 g Pflaumen
6 EL brauner Zucker
300 ml Wasser
1 TL Zimt
1 TL Speisestärke
4 Eier
160 g Mehl
500 ml Milch
1 Prise Salz
60 g Rosinen
4 EL feiner Zucker
4 TL Butter
Puderzucker zum Bestäuben

Zubereitung

> Die Pflaumen waschen, halbieren und die Steine entfernen.
> Den braunen Zucker in einer kleinen beschichteten Pfanne karamellisieren, dann Pflaumen, Wasser und Zimt dazugeben, kurz aufkochen und bei schwacher Hitze ca. 5 Min. köcheln lassen. Ab und zu umrühren, bis der Karamell sich aufgelöst hat.
> Die Speisestärke in etwas Wasser anrühren, unter die Pflaumen geben, alles nochmals aufkochen und unter ständigem Rühren weitere 1–2 Min. köcheln lassen. Die Pfanne beiseitestellen.
> Die Eier aufschlagen und das Eiweiß vom Eigelb trennen.
> Das Mehl mit Milch und Salz mit einem Handrührgerät verquirlen, danach die Eigelbe und die Rosinen unterrühren.
> Das Eiweiß mit 2 EL feinem Zucker steif schlagen und unter die Teigmasse heben.
> 1 TL Butter in einer großen beschichteten Pfanne erhitzen und die Hälfte des Teiges auf der Unterseite goldbraun backen.
> Den Teig halbieren und wenden, dann etwas anstocken lassen und mit einem Holzschaber in grobe Stücke zupfen. 1 EL feinen Zucker und 1 TL Butter hinzugeben und die Teigstücke goldbraun backen. In eine feuerfeste Form umfüllen und im Backofen bei ca. 80 °C (Umluft) warm stellen.
> Die zweite Hälfte des Teiges genauso backen.
> Zum Anrichten großzügig mit Puderzucker bestreuen und mit den lauwarmen Zimtpflaumen servieren.

Pflaumen im Speckmantel

Zutaten
für 4 Portionen
30 frische Pflaumen
15 dünn geschnittene
Speckscheiben
30 Zahnstocher

Zubereitung
⟩ Die Pflaumen waschen, an einer Seite längs aufschneiden und entsteinen.
⟩ Die Speckscheiben der Länge nach halbieren.
⟩ Je eine Pflaume mit einem Speckstreifen umwickeln und auf einen Zahnstocher spießen.
⟩ Die Speckpflaumen auf ein mit Backpapier ausgelegtes Back-blech setzen und im vorgeheizten Backofen bei 200 °C (Umluft) 10–15 Min. backen.
⟩ Alle 5 Min. kontrollieren, damit nichts anbrennt.
⟩ Die Speckpflaumen anrichten und warm servieren.

 Leckeres Pflaumeneis

Aus Pflaumen und ein paar wenigen Zutaten lässt sich auf die Schnelle ein köstliches Eis zaubern, bei dessen Herstellung auch Kinder tüchtig mithelfen können.

MAN BRAUCHT: 400 g Pflaumen, 50 ml schwarzen Johannisbeersaft, 150 g Gelierzucker (1:3), ½ TL Zimt
• Die Pflaumen waschen, entsteinen, klein schneiden und mit dem Johannisbeersaft, dem Gelierzucker und dem Zimt in einen Topf geben.
• Alles aufkochen und bei schwacher Hitze ca. 20 Min. köcheln lassen.
• Vom Herd nehmen, mit dem Pürierstab fein pürieren und abkühlen lassen.
• Das Pflaumenpüree in eine kältebeständige Form umfüllen und in der Tiefkühltruhe gefrieren lassen. Mit warmer Vanillesoße servieren!

KÜRBIS

Herbst ohne Kürbissuppe? Undenkbar. Doch nicht nur zu Suppe verarbeitet ist der Kürbis eine Wucht, auch gebacken, gekocht, gebraten oder eingelegt schmeckt er einfach klasse.

ASIATISCHE KÜRBISSUPPE

Zutaten
für 4–6 Portionen
1 Hokkaido-Kürbis
2 Karotten
2 mehligkochende Kartoffeln
1 Knoblauchzehe
1 walnussgroßes Stück Ingwer
1 EL Butter
750 ml Gemüsebrühe
1 TL Currypulver
1 TL Kurkuma
1 TL Zitronengraspulver
250 ml Kokosmilch
Salz und Pfeffer
1 Chilischote

Zubereitung
> Den Hokkaido-Kürbis waschen, halbieren und die Kerne herausschaben. Die Kürbishälften in kleine Würfel zerteilen.
> Die Karotten schälen und in Scheiben schneiden.
> Die Kartoffeln schälen und klein würfeln.
> Den Knoblauch schälen und zerdrücken.
> Den Ingwer schälen und fein hacken.
> Die Butter in einen großen Topf geben, erhitzen und den Ingwer mit dem Knoblauch darin andünsten. Mit der Gemüsebrühe ablöschen, den Kürbis, die Karotten sowie die Kartoffeln hinzugeben und alles 15–20 Min. bei schwacher Hitze köcheln lassen. Mit Curry, Kurkuma und Zitronengras würzen und nochmal 5 Min. köcheln lassen.
> Den Topf vom Herd nehmen und mit dem Stabmixer alles fein pürieren.
> Die Kokosmilch dazugeben, unter Rühren alles erneut kurz aufkochen und nach Belieben mit Salz und Pfeffer abschmecken.
> Die Chilischote waschen und in feine Ringe schneiden.
> Die Suppe auf Teller verteilen, mit Chili garnieren und servieren.

BELIEBTE SPEISEKÜRBISSE

Speisekürbisse werden wegen ihres feinen Fruchtfleisches v. a. zum Backen, Braten, Kochen oder für Salate verwendet, Riesenkürbisse dagegen werden meist süß-sauer eingelegt oder zu Kompott verarbeitet.

BUTTERNUT: gehört zu den Moschuskürbissen; orangefarbenes Fruchtfleisch, wenig Kerne; nussig-würziger Geschmack; für Salate, Suppen, Püree und zum Überbacken geeignet

HOKKAIDO: „kleiner Riesenkürbis"; leicht zu verarbeiten, da die Schale nicht entfernt werden muss; tief orangefarbenes Fruchtfleisch; nussig-mild im Geschmack; für Suppen, zum Füllen und Backen sowie für Chutneys geeignet

MUSKATKÜRBIS: gehört zu den Moschuskürbissen; große, gerippte Form; mild-würziger Geschmack; saftiges, hell orangefarbenes Fruchtfleisch; zum (Über-) Backen, für Suppen und Püree geeignet

PATISSON: besonders kleiner Kürbis; platte Form; kann mit Schale zubereitet werden; für Suppen, zum Einlegen, Überbacken und Kochen geeignet

RIESENZENTNER: gehört zu den Riesenkürbissen; orange-gelbes, weiches Fruchtfleisch; milder Geschmack; für Suppen, Kompott und zum Einlegen geeignet

SPAGHETTIKÜRBIS: zählt zu den Gartenkürbissen; länglich-ovale Form; zartgelbes, faseriges Fruchtfleisch; nussiger Geschmack; wird gebacken und gekocht zubereitet

Kürbislichter schnitzen

Aus verschiedenen Kürbissen, z. B. aus den hellen, orangefarbenen Riesenkürbissen oder den kleinen Hokkaido, lassen sich für Halloween oder nette Spätsommerfeste im Garten dekorative Kürbislichter herstellen. Man braucht dafür ein scharfes Messer, einen Esslöffel oder Eiskugelformer und Kerzen oder Teelichter.

Mit dem Messer schneidet man zunächst um den Stiel herum eine große Öffnung in beliebiger Form heraus, kratzt das Fruchtfleisch etwas vom Deckel ab und höhlt den ganzen Kürbis mit dem Esslöffel (oder Eiskugelformer) aus, bis die Schale nur noch 1,5–2 cm dick ist. Dann kann man entweder ein Gesicht in den Kürbis schnitzen oder Muster wie Sterne, Kreise, Dreiecke etc. herausschneiden. Jetzt noch eine Kerze hineinstellen, und schon ist das Kürbislicht fertig.

Das Fruchtfleisch je nach Kürbissorte (siehe Kasten rechts) in der Küche verarbeiten.

PERFEKTER UNTERGRUND

Kürbisse benötigen für ihr Wachstum einen humusreichen Untergrund. Auf Kompost sprießen sie daher besonders gut (aber nicht nur dort, was oft irrtümlicherweise angenommen wird). Die Blätter der einjährigen, auf dem Boden liegenden oder auch kletternden Pflanzen sorgen nicht nur für eine schöne Optik, sondern spenden dem Komposthaufen im Sommer Schatten und schützen ihn bei starken Regenfällen. So gewährleisten Sie, dass der Prozess der Kompostierung unter optimalen Bedingungen stattfinden kann. Und: Im Herbst haben Sie eine oftmals reiche Kürbisernte.

DIE RICHTIGE SORTE

Nicht alle Kürbisse eigenen sich zum Verzehr. Dennoch ist die Auswahl groß: Rund 15 Arten mit zahlreichen Sorten zählen zu den Speisekürbissen. Zweifelsohne der beliebteste ist der leicht süßlich-nussig schmeckende, vergleichsweise kleine Hokkaido, der ein Gewicht von 1–3 kg erreicht. Sein großer Vorteil: Als einer der wenigen Kürbisse muss er vor dem Zubereiten nicht geschält werden. Wie bei den meisten anderen Kürbissorten sind seine Früchte über mehrere Monate lagerfähig. Wesentlich größere Früchte bringt der sehr aromatische Muskatkürbis (Muscade de Provence) hervor, dessen Früchte bis zu 40 kg schwer werden. Weitere beliebte Sorten sind der fruchtfleischreiche Butternut, die ebenfalls sehr aromatische Bischofsmütze, der Spaghettikürbis (dessen Fruchtfleisch beim Kochen fasrig zerfällt).

Kürbisbeet auf dem Kompost

Anbau und Standortwahl

Kürbisse mögen keinen Frost, weshalb man sie erst Mitte Mai im Freien anpflanzen sollte. Es ist jedoch ohnehin sinnvoll, die Pflanzen in Töpfen mit humusreicher Erde vorzuziehen, da Vögel die Samen und Schnecken die Jungpflanzen zu schätzen wissen. Diese können Sie dann direkt auf bzw. neben den Komposthaufen setzen. Kürbisse mögen es sonnig, Schatten oder Halbschatten bekommt ihnen gar nicht. Bei der Wahl des Standorts sollten sie zudem bedenken, dass die Pflanzen sehr raumgreifend sind und ihre Triebe bis zu 10 m lang werden können – der Abstand zur nächsten Pflanze sollte also mindestens 1,50 m betragen.

Pflegetipps

Kürbisse sind Vielfraße, weshalb sie v. a. in den heißen Sommermonaten regelmäßig Wasser benötigen; vermeiden Sie allerdings Staunässe. Und gießen Sie am besten direkt die Erde, damit die Blätter nicht faulen. Um besonders große Früchte zu erhalten, kann es hilfreich sein, die Pflanzen zu pinzieren, d. h., eine oder mehrere Triebspitzen zu entfernen. Da die reifenden Früchte von Fäule bedroht sind, ist es außerdem ratsam, sie auf Stroh oder ein Holzgitter zu legen. Ansonsten gibt es nicht viel mehr zu tun, als vorfreudig dem rasanten Wachstum der Pflanzen zuzuschauen.

FEIGE UND KIWI

Die birnenförmigen Feigen haben ein weiches, süßes und ausgesprochen aromatisches Fruchtfleisch. Ebenso wie die süß-säuerlichen Kiwis dienen sie oft als Zutatat in Salaten und Desserts.

FEIGEN-RUCOLA-SALAT

Zutaten

für 4 Portionen

200 g Serranoschinken, in dünnen Scheiben

120 g geriebener Parmesan

50 g geschälte Mandelkerne

1 EL Puderzucker

150 g Rucola

6–8 Feigen

2 EL Zitronensaft

2 EL weißer Balsamico

1–2 TL flüssiger Honig

2 EL Olivenöl

Zubereitung

› Den Schinken auf einem mit Backpapier belegten Backblech auslegen und im auf 100 °C (Umluft) vorgeheizten Ofen ca. 30 Min. knusprig backen. Herausnehmen und abkühlen lassen.

› Den Käse auf neues Backpapier streuen und im Ofen bei 180 °C schmelzen lassen. Aus dem Ofen nehmen und auskühlen lassen.

› Käse und Schinken in Stücke brechen.

› Die Mandeln in einer Pfanne ohne Fett goldbraun rösten. Mit dem Puderzucker bestreuen und leicht karamellisieren lassen. Auskühlen lassen und grob hacken.

› Den Rucola waschen, putzen und trocken schleudern.

› Die Feigen waschen, putzen und in Scheiben schneiden. Mit Rucola, Parmesan und Schinken auf Tellern anrichten.

› Zitronensaft, Essig, Honig und Öl verrühren. Das Dressing über den Salat träufeln und mit den Mandeln bestreut servieren.

REIFEZEITPUNKT

Wirklich aromatisch sind nur reife Feigen und Kiwis. Beide sind ursprünglich nicht in unseren Breiten heimisch – die Feige stammt aus dem Mittelmeerraum, die Kiwi aus China. Heute kann man sie aber bei uns anbauen. Kiwis sollte man auf jeden Fall vor dem ersten Frost ernten und dann nachreifen lassen, bis sie weicher (und damit süßer) werden. Feigen sind reif, wenn das Fruchtfleisch bereits bei leichtem Fingerdruck nachgibt.

GRÜNE GRÜTZE MIT JOGHURT

Zutaten

für 4 Portionen

1 Vanilleschote
4 EL brauner Zucker
400 ml Apfelsaft
½ Zitrone
2 EL Speisestärke
2 Pfirsiche
120 g grüne Weintrauben, kernlos
½ Honigmelone
4 Kiwis
100 ml Sahne
150 g Joghurt
4 Stängel Zitronenmelisse

Zubereitung

› Die Vanilleschote aufschlitzen, das Mark ausschaben und mit dem braunen Zucker vermischen. Die Schote mit dem Apfelsaft in einen Topf geben und aufkochen lassen.

› Den Saft der Zitrone auspressen, mit der Stärke verrühren und damit den Apfelsaft binden. Vom Herd nehmen.

› Die Pfirsiche überbrühen, abschrecken, häuten, halbieren, die Kerne entfernen und das Fruchtfleisch klein würfeln. Die Weintrauben waschen und halbieren. Die Melone entkernen, schälen und das Fruchtfleisch ebenfalls klein würfeln. Die Kiwis schälen, würfeln und davon etwa die Hälfte mit einem Stabmixer fein pürieren.

› Alle Früchte sowie das Kiwipüree unter den angedickten Apfelsaft mengen, mit der Hälfte des Vanillezuckers süßen und bis zum Servieren mindestens 1 Std. kalt stellen.

› Die Sahne mit dem übrigen Vanillezucker steif schlagen. Unter den Joghurt heben.

› Die Grüne Grütze in Gläser füllen, die Joghurtcreme darübergeben und alles mit den Melissestängeln garnieren.

BROKKOLI

Der mild-würzig schmeckende Brokkoli ist ein in der Herbstküche äußerst beliebtes Kohlgemüse. Außerdem wird er wegen seiner vielen gesundheitsfördernden Inhaltsstoffe geschätzt.

BROKKOLI-AUFLAUF

Zutaten
für 4 Portionen

500 g Kartoffeln
500 g Brokkoli
2 EL Margarine
1 rote Zwiebel
1 Knoblauchzehe
3 Eier
100 g Crème fraîche
100 ml Sahne
50 ml Milch
500 g geriebener Gratinkäse oder Mozzarella
Salz, Pfeffer, Muskat

Zubereitung

⟩ Die Kartoffeln waschen, schälen und in Scheiben schneiden.
⟩ Den Brokkoli waschen, in kleine Röschen teilen und die Stiele klein schneiden. Die Kartoffelscheiben und die Brokkolistiele in kochendem Salzwasser ca. 10 Min. garen.
⟩ Nach 5 Min. die Brokkoliröschen dazugeben.
⟩ Eine Auflaufform mit 1 EL Margarine einfetten und die Kartoffelscheiben, Brokkolistiele und Brokkoliröschen darin verteilen.
⟩ Die Zwiebel und die Knoblauchzehe schälen, fein hacken und mit 1 EL Margarine in einer Pfanne andünsten. Vom Herd nehmen und beiseitestellen.
⟩ Die Eier mit Crème fraîche, Sahne und Milch verquirlen, mit Salz, Pfeffer und Muskat würzen und dann mit den Zwiebeln, Knoblauch und der Hälfte des Gratinkäses in der Pfanne verrühren.
⟩ Die Masse unter das Gemüse in der Form mischen und den Auflauf mit dem restlichen Käse bestreuen.
⟩ Im vorgeheizten Backofen bei 180 °C (Umluft) auf mittlerer Schiene ca. 30 Min. backen.

Nährstoffbombe

Brokkoli ist ein Kohl mit vielen wertvollen Vitaminen und Nährsoffen. Er ist reich an Vitamin C, Kalzium, Magnesium, Eisen und Karotin. Der in ihm enthaltene sekundäre Pflanzenstoff Sulforaphan soll eine krebsvorbeugende und krebshemmende Wirkung haben. Außerdem soll der Verzehr von Brokkoli der Entstehung von Arthrose und Magengeschwüren vorbeugen. Und auch für Figurbewusste ist Brokkoli eine gute Wahl, denn er ist höchst gesund und hat nur sehr wenige Kalorien.

WISSENSWERTES

Brokkoli ist eng mit dem Blumenkohl verwandt. Seine Röschen bestehen aus den noch nicht vollständig ausgebildeten Blütenständen mit den schon deutlich erkennbaren Knospen. Von den Röschen über die Blätter bis hin zu seinen Stielen ist alles essbar – sowohl roh als auch gekocht. Beim Kochen sollte man allerdings darauf achten, ihn nicht zu lange zu garen, da sonst die wertvollen Inhaltsstoffe verloren gehen können.

Brokkoli sollte geerntet werden, wenn sein Kopf tiefgrün ist. Gelbliche Verfärbungen an den Röschen deuten darauf hin, dass der Kopf zu welken beginnt.

ARTISCHOCKEN

Die Artischocke gilt in der Küche als exotische Delikatesse, und auch ihre gesundheitsfördernden und heilenden Eigenschaften, die bereits in der Antike geschätzt wurden, können sich sehen lassen.

ARTISCHOCKEN-SUGO

Zutaten
für 4 Portionen
8 Artischocken mit spitzen Blättern
1 Zitrone
1 rote Zwiebel
1 Knoblauchzehe
10 Stiele Petersilie
2 EL Butter
250 g geschälte Kirschtomaten frisch oder aus der Dose
100 ml Gemüsebrühe
Salz und Pfeffer

Zubereitung
› Die Artischocken waschen und fürs Kochen vorbereiten (siehe Kasten rechts unten).
› Die Artischockenviertel gut abtropfen lassen.
› Die Zwiebel schälen und fein hacken, den Knoblauch schälen und in Scheiben schneiden.
› Die Petersilie waschen, trocken tupfen und fein hacken.
› Die Butter in einer beschichteten Pfanne zum Schmelzen bringen und die gehackte Zwiebel mit den Knoblauchscheiben und den Artischockenvierteln darin andünsten.
› Dann die Tomaten sowie die Gemüsebrühe dazugeben, alles kurz aufkochen und bei geringer Hitze ca. 30–40 Min. köcheln lassen, bis die Soße etwas eingekocht und dickflüssig ist. Zum Schluss die gehackte Petersilie hinzufügen und verrühren.
› Nach Belieben mit Salz und Pfeffer würzen.

Das passt dazu: Mit frischen Bandnudeln serviert ist das fruchtige Artischocken-Sugo ein echter Hochgenuss.

 Exotisch und gesund

Artischocken sind mit vielen Vitaminen und Mineralien angereichert, z. B. Eisen, Kalium, Magnesium, Natrium, Vitamin A und B-Vitaminen. Die verdauungsfördernden Eigenschaften der gesunden Pflanze wirken regulierend bei Magen-Darm-Problemen wie Völlegefühl, Verstopfung oder Durchfall, fördern den Gallenfluss und werden u. a. bei der Behandlung von Rheuma und Gallensteinen geschätzt. Außerdem wirken die Inhaltsstoffe der Artischocke schmerzlindernd und Cholesterinspiegel senkend.

ARTISCHOCKEN RICHTIG ZUBEREITEN

Bei der Zubereitung von Artischocken sollte man Handschuhe tragen, da sie den Farbstoff Cynarin enthalten, der die Hände braun färbt.

Die Artischocken werden zunächst mit kaltem Wasser abgewaschen, um Schmutz zu entfernen. Auch der meist trockene und deshalb ungenießbare Stiel sowie das Heu im Innern müssen entfernt werden. Man kann entweder versuchen, es zusammen mit dem Stiel herauszuziehen oder nach dem Kochen mit einem Löffel aus der halbierten Artischocke herauslösen.

Anschließend werden bei der Blütenknospe zuerst die Spitze und danach die harten äußeren Blätter mit einem scharfen Messer abgeschnitten. Auch die Stacheln, die an manchen Blättern sitzen, sowie verfärbte oder beschädigte Blätter sollten vor der Zubereitung entfernt werden. Um unschöne Verfärbungen (wie bei geschnittenen Äpfeln) zu vermeiden, kann man die Schnittflächen der Artischocken mit Zitronensaft bestreichen. Dann werden die Artischocken in Salzwasser mit einem Schuss Zitronensaft gekocht – dessen Zugabe dient hier ebenfalls dazu, dass sich die Köpfe beim Kochen nicht braun verfärben.

LAUCH

Mit seiner milden Schärfe ist der Lauch – in manchen Regionen auch Porree genannt – ein überaus beliebtes und gesundes Gemüse, das sowohl gekocht als auch roh verzehrt werden kann.

LAUCH-SCHINKEN-OMELETTE

Zutaten
für 4 Portionen
2 mittelgroße Stangen Lauch
200 g gekochter Schinken
2 EL Margarine
100 g Crème fraîche
50 ml Milch
4 Eier
Salz und schwarzer Pfeffer

Zubereitung
> Den Lauch waschen, trocknen und in feine Ringe schneiden.
> Den Schinken fein würfeln.
> Eine runde Backform (ca. 28 cm Durchmesser) mit der Margarine einfetten und die Lauchringe mit den Schinkenwürfeln darin verteilen.
> Crème fraîche, Milch und Eier verquirlen, mit Salz und Pfeffer würzen und alles über Lauch und Schinken in der Form geben.
> Im vorgeheizten Backofen bei 150 °C (Umluft) auf mittlerer Schiene ca. 20 Min. goldbraun backen.

🌿 *Vitaminbombe*

Lauch ist ein vitamin- und mineralstoffreiches Gemüse. Vor allem die tiefgrünen Teile seiner Blätter enthalten viel gesundes Betakarotin, zudem ist er reich an Eisen, Kalium und Vitamin C. Bei regelmäßigem Verzehr hat Lauch eine entwässernde, entschlackende, entzündungshemmende und verdauungsfördernde Wirkung. Da er zu den Zwiebelgewächsen zählt, kann er aber auch – bei entsprechender Veranlagung – unangenehme Blähungen verursachen.

Lachs-Lauch-Tarte

Zutaten

Für den Teig:
180 g Mehl
120 g Butter
1 Prise Salz
3 EL kaltes Wasser

Für den Belag:
2 Stangen Lauch
200 g Räucherlachs
1 EL Margarine
50 ml Gemüsebrühe
100 g Crème fraîche
50 ml Milch
1 TL mittelscharfer Senf
1 TL dunkle Sojasauce
3 Eier
100 g geriebener Gratinkäse
Salz und Pfeffer

Zubereitung

⟩ Alle Zutaten für den Teig sorgfältig verkneten und eine Quiche-Form (28–30 cm Durchmesser) damit auslegen.

⟩ Den Lauch gut waschen, abtrocknen und in feine Ringe schneiden.

⟩ Den Lachs in kleine Würfel schneiden.

⟩ Die Margarine in einer beschichteten Pfanne erhitzen, den Lauch darin andünsten, dann mit der Gemüsebrühe ablösen und bei geschlossenem Deckel ca. 10 Min. bei schwacher Hitze garen. Zum Schluss den Lachs dazugeben, die Pfanne vom Herd nehmen und das Ganze etwas abkühlen lassen.

⟩ Die Crème fraîche, die Milch, den Senf und die Sojasauce unter den Lauch rühren. Die Eier verquirlen und mit dem Gratinkäse ebenfalls untermischen. Mit Salz und Pfeffer abschmecken und den Guss in der Quiche-Form verteilen.

⟩ Die Lachs-Lauch-Tarte im vorgeheizten Backofen auf mittlerer Schiene bei 180 °C (Umluft) 25–30 Min. backen. Danach auf Unterhitze (200 °C) umstellen und weitere 5 Min. backen.

QUITTE

Von September bis November haben Quitten Hochsaison. Die goldgelben Früchte werden traditionell v. a. für die Herstellung von Marmeladen, Gelees oder Säften genutzt. Aber auch für herzhafte und süße Speisen lassen sie sich wunderbar verwenden. Der Rohverzehr kommt allerdings ausschließlich für echte Kenner infrage – die Kerne sind giftig!

Heilwirkung der Quitte

Nicht nur kulinarisch hat die Quitte Seltenheitswert, auch über ihre Heilkraft ist allgemein nur sehr wenig bekannt. Dabei haben die wohlriechenden Früchte – verarbeitet zu Saft, Mus oder Kompott – eine positive Auswirkung auf die Verdauung und helfen bei Erkältungen.
Kleingewürfelte und in Honig eingelegte Quittenstücke sind nicht nur sehr wohlschmeckend, sondern auch wirksam bei Atemwegsbeschwerden.
Bei Schlaflosigkeit und innerer Unruhe kann ein Tee helfen, der aus Quittenblättern und Quittenkernen aufgekocht wird. Aber Achtung: Die Kerne vor dem Kochen nicht zerkleinern, da sie giftige Blausäure enthalten!

Quitten-Süßkartoffel-Suppe

Zutaten
für 4 Portionen
1 Zwiebel
350 g Quitten
700 g Süßkartoffeln
200 g Knollensellerie
3 EL Butter
75 ml Apfelsaft
1,5 l Gemüsebrühe
3 Pimentkörner
1 Lorbeerblatt
etwas unbehandelte
Orangenschale
3–4 Stiele glattblättrige
Petersilie
2–3 Scheiben Baguette
100 ml Sahne
Salz, Pfeffer aus der
Mühle

Zubereitung
> Die Zwiebel schälen und würfeln.
> Die Quitten abreiben, schälen, vierteln und entkernen, ein Viertel beiseitestellen, restliche Früchte klein schneiden.
> Süßkartoffeln und Sellerie schälen und würfeln.
> 1 EL Butter in einem Topf erhitzen, die Zwiebelwürfel darin glasig dünsten und mit Saft und Brühe ablöschen.
> Quitten, Süßkartoffeln, Sellerie, Piment, Lorbeer und Orangenschale dazugeben, aufkochen und ca. 25 Min. köcheln lassen.
> Die Petersilienblätter abzupfen und fein hacken.
> Die Baguettescheiben in kleine Würfel schneiden und die Quittenviertel klein würfeln.
> Die restliche Butter in der Pfanne zerlassen und die Quitten etwa 2 Min. darin anbraten.
> Die Baguettewürfel dazugeben und knusprig braten, dann die Petersilie untermischen und mit Salz und Pfeffer würzen.
> Orangenschale, Piment und Lorbeer aus der Suppe nehmen, die Suppe pürieren und die Sahne unterrühren.
> Mit Salz und Pfeffer abschmecken und mit den Quitten-Brot-Würfeln garnieren.

Quittensorten
Bei den Quitten unterscheidet man zwei Sortengruppen, die Apfelquitten und die Birnenquitten. Diese Bezeichnungen leiten sich von der Form der Früchte ab: Apfelquitten sind eher rundlich, Birnenquitten dagegen sind am Fruchtstiel länglich ausgeformt. Auch beim Geschmack gibt es deutliche Unterschiede. Die zur Apfelquitte zählenden Sorten haben ein kräftiges Aroma, dafür aber ein eher hartes und trockenes Fruchtfleisch. Birnenquitten dagegen sind weicher und leichter zu verarbeiten, geschmacklich allerdings eher fade.

Fast alle Quittensorten, die es heute gibt, sind schon weit über 100 Jahre alt und wurden durch Auslese gezüchtet. Als eine der besten Apfelquitten gilt die aromatische und sehr ertragreiche Sorte 'Konstantinopel'. Von den Birnenquitten ist die ursprünglich aus Ungarn stammende Sorte 'Bereczki' besonders zu empfehlen.

DER BEGRIFF ...

... bezeichnet grundsätzlich Obstsorten, die vom heutigen Erwerbs-
obstbau nicht mehr angeboten werden. Dabei spielt das Alter der
Obstsorten zunächst nur eine untergeordnete Rolle – es sind Sorten gemeint, die man schon vor Jahrhunderten kultivierte, wie
auch solche, die vor weniger als 100 Jahren gezüchtet wurden und
danach bald wieder aus den Gärten verschwanden. Es kann also
gut sein, dass Sie selbst einen Baum einer alten, längst weitgehend
unbekannten Apfel- oder Birnensorte besitzen.

VORTEILE ALTER OBSTSORTEN

Die Bäume alter Obstsorten mögen nicht immer Bilder-
buchfrüchte tragen, dafür sind sie jedoch oft robuster
und anpassungsfähiger; außerdem kommen sie auch mit
„Problemstandorten" wie sandigen oder lehmigen Unter-
gründen zurecht. In früheren Jahrhunderten wurden
außerdem klassische Wirtschaftsäpfel und -birnen kultiviert – also v. a. solche, die in der Küche geschätzt werden
und auch sehr gut zu Mus und Saft weiterverarbeitet
werden können. Mit der Pflege und besonders mit dem
Pflanzen alter Obstsorten leistet man einen Beitrag dazu,
die Artenvielfalt zu erhalten.

Zurück zu alten Obstsorten

Gut für Allergiker

Alte Obstsorten sind garantiert frei von gentechnischen und züchterischen Veränderungen, weshalb die Früchte auch für Allergiker besser verträglich sein können. Denn: Bei neu gezüchteten Sorten wurden oft die sogenannten Polyphenole in der Frucht reduziert, die etwa Äpfel und Birnen nach dem Anschnitt bräunen lassen und für ihren etwas säuerlichen Geschmack verantwortlich sind. Forscher vermuten jedoch, dass genau diese Polyphenole auch Allergene in Schach halten.

Im eigenen Garten

Zwar haben sich inzwischen mehrere, meist regional tätige Obstbaumschulen der alten Obstsorten angenommen und bieten sie zum Kauf an. Mitunter ist es jedoch gar nicht so einfach, diese aufzutreiben. Die Ortsgruppe Lemgo des BUND hat auf ihrer Website über 80 Bezugsquellen in ganz Deutschland zusammengetragen (http://www.bund-lemgo.de/bezugsquellen-alte-obstsorten.html). Mit dem Pflanzen des Obstbaums ist jedoch nur der erste Schritt getan. Unabhängig davon, ob Sie sich für eine alte oder eine neue Sorte entschieden haben – eine reiche Ernte schenken die Bäume nur den Gärtnern, die ihnen eine gedeihliche Pflege zukommen lassen. Dazu gehören das richtige Düngen und der fachgerechte Schnitt im Frühjahr. Kurse vermitteln das entsprechende Wissen und werden z. B. von Volkshochschulen, regionalen Gruppen von NABU und BUND sowie Gartenbauvereinen angeboten – sicher auch in Ihrer Nähe.

KNOLLEN-SELLERIE

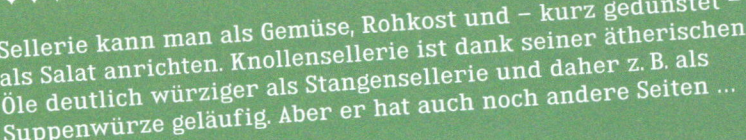

Sellerie kann man als Gemüse, Rohkost und – kurz gedünstet – als Salat anrichten. Knollensellerie ist dank seiner ätherischen Öle deutlich würziger als Stangensellerie und daher z. B. als Suppenwürze geläufig. Aber er hat auch noch andere Seiten ...

PANIERTE SELLERIESCHNITZEL

Zutaten
für 4 Portionen

1 kleine Knollensellerie,
ca. 1 kg
2 – 3 EL Mehl
ca. 100 g Semmelbrösel
2 Eier
Butterschmalz, zum Aus-
backen
grobes Meersalz
Zitronensaft, zum Beträu-
feln

Zubereitung

> Für die Schnitzel den Sellerie schälen, in etwa 0,5 cm dünne Scheiben schneiden und anschließend halbieren. 1 – 2 Min. in kochendem Salzwasser blanchieren und kalt abschrecken. Mit Küchenkrepp trocken tupfen.
> Das Mehl und die Semmelbrösel je auf Teller geben.
> Die Eier in einem tiefen Teller verquirlen.
> Die Selleriescheiben zuerst in Mehl, dann in den Eiern und danach in den Bröseln wenden.
> Die Selleriescheiben portionsweise in heißem Butterschmalz auf beiden Seiten je 2 – 3 Min. langsam goldbraun backen.
> Auf Küchenkrepp abtropfen lassen und mit etwas Salz bestreuen.
> Mit Zitronensaft beträufelt servieren.

Das passt dazu: Mit frittierter Petersilie bestreut und mit Kräuterquark als Beilage ergeben die Sellerieschnitzel eine gesunde und bekömmliche Mahlzeit.

GEMÜSE MIT TRADITION

Sellerie ist ballaststoffreich und kalorienarm, nierenfreundlich und stoffwechselanregend. Knollensellerie, der ab Oktober geerntet wird, ist ein besonders vielseitiges Herbst- und Wintergemüse und enthält viel Vitamin E und K, Kalium und Kalzium. Nicht nur die Knolle, auch die Stiele können gegart werden; fein gehackt dienen die Blätter als Dekor und zusätzliche Würze.

Die faustgroße, schrumpelige Knolle ist schon seit Jahrtausenden hochgeschätzt: Die alten Ägypter kannten sie als Heilpflanze, auch die Griechen und Römer nutzten sie als solche. Hildegard von Bingen beschrieb sie als magenreinigend, Paracelsus schrieb ihr einige Jahrhunderte später Blähungen lindernde Wirkung zu. Und in der Volksmedizin genießt der Knollensellerie bis heute den Ruf eines Aphrodisiakums.

MANGOLD

Die Blätter dieses Gemüses, dessen Erntezeit bis weit in den Oktober reicht, werden häufig wie für Spinatgerichte verwendet. Der im Garten optisch besonders reizvolle Stielmangold galt früher als „Spargel der armen Leute". Beide – Blatt- und Stielmangold – haben aber auch ihre ganz eigenen Seiten.

LASAGNE MIT MANGOLD UND KOHLRABI

Zutaten

für 4 Portionen

500 g Mangold
Salz
2 Kohlrabi
4 Tomaten
2 EL Butter
2 EL Mehl
100 ml trockener Weißwein
ca. 350 ml Milch
schwarzer Pfeffer
Muskat, gemahlen
12 Platten Lasagnenudeln
120 g geriebener Mozzarella

Zubereitung

⟩ Den Mangold waschen, putzen, die Stiele häuten und in Streifen schneiden, die Blätter grob hacken. Alles in Salzwasser ca. 2 Min. blanchieren, abschrecken und abtropfen lassen.

⟩ Die Kohlrabi schälen und in feine Scheiben schneiden.

⟩ Die Tomaten waschen, den Stielansatz herausschneiden und die Tomaten in Scheiben schneiden.

⟩ Für die Sauce die Butter in einem heißen Topf zerlassen. Das Mehl dazustreuen und kurz mitschwitzen. Mit dem Wein ablöschen. Unter Rühren die Milch angießen und ca. 5 Min. sämig köcheln lassen. Mit Salz, Pfeffer und Muskat abschmecken und von der Hitze nehmen.

⟩ Den Ofen auf 160 °C (Umluft) vorheizen.

⟩ Etwas Sauce in eine Lasagnebackform geben und mit einer Schicht Nudeln belegen. Darauf Tomaten, Mangold und Kohlrabi geben, mit Sauce übergießen und mit Nudelplatten bedecken. Mit Gemüse belegen; auf diese Weise fortfahren und alle Zutaten einschichten. Mit der restlichen Sauce bestreichen, mit den übrigen Tomatenscheiben belegen und mit dem Mozzarella bestreuen. Im Ofen ca. 40 Min. goldbraun backen.

🧑‍🍳 BLÄTTER UND STIELE ZUBEREITEN

Die Blätter von Mangold kann man ganz oder klein geschnitten verarbeiten. Beim Kochen beträgt ihre Garzeit 4–6 Min. Von den Stängeln des Stielmangolds wird zunächst– ähnlich wie beim Spargel – die Außenhaut abgezogen. Im Anschluss werden sie ca. 4 Min. blanchiert und dann 10 Min. gedünstet.

NÜSSE

September und Oktober sind die Erntezeit für die heimischen Nüsse. Reif sind sie, wenn sie vom Baum bzw. Busch fallen – dann schmecken sie auch besonders gut. Wer sie nicht gleich verzehrt, sollte sie gut trocknen und reinigen – so sind sie monatelang haltbar.

PASTA MIT GORGONZOLASOSSE UND WALNÜSSEN

Zutaten

für 4 Portionen

500 g Bandnudeln
200 ml Sahne
150 ml Gemüsebrühe
100 g Gorgonzola
Salz und schwarzer
Pfeffer
1 Birne
20 g Butter
30 g Walnusskerne
2 EL Honig
100 g Radicchio
2 EL Zitronensaft

Zubereitung

› Die Nudeln in Salzwasser al dente kochen.
› Die Sahne mit der Brühe aufkochen und einige Minuten köcheln lassen.
› Den Käse würfeln, in die Sauce rühren und sämig köcheln lassen. Mit Salz und Pfeffer abschmecken.
› Die Birne schälen, vierteln, das Kernhaus herausschneiden und die Viertel klein würfeln. In einer Pfanne in der Butter goldbraun braten.
› Die Walnüsse hacken, mit dem Honig zu den Birnen geben und leicht karamellisieren lassen.
› Den Radicchio waschen, putzen und in Streifen schneiden. Unter die Birnen schwenken und mit dem Zitronensaft beträufeln.
› Die abgetropften Nudeln untermengen und auf Tellern anrichten. Die Käsesauce darübergeben und mit Pfeffer übermahlen.

NÜSSE VORBEREITEN

Um Haselnusskerne zu schälen (z. B. für Brotaufstriche oder als Dekoration), röstet man sie bei 160 °C (Umluft) einige Minuten im Backofen, gibt sie dann auf ein sauberes Küchentuch und reibt sie zwischen den Händen gegeneinander. Aufbewahren sollte man Haselnüsse allerdings ungeschält – sie sind dann länger haltbar.

Bei frischen Walnüssen muss das weiße Häutchen, das um den Fruchtkörper unter der Schale liegt, entfernt werden – es enthält Bitterstoffe.

ARME RITTER MIT FRISCHKÄSE UND NÜSSEN

Zutaten
für 4 Portionen
250 ml Milch
2 EL Vanillezucker
2 Eier
30 g Butter
4 große Scheiben Toastbrot (oder Brioche)
2–3 EL flüssiger Honig
150 g Frischkäse
40 g gehackte Hasel- und Walnüsse
Minzeblättchen

Zubereitung
› Die Milch mit dem Vanillezucker und den Eiern verquirlen.
› Die Butter in einer großen Pfanne erhitzen.
› Die Toastscheiben jeweils in die Milch-Ei-Mischung tauchen und von beiden Seiten je 2–3 Min. in der Pfanne goldbraun anrösten.
› Zum Servieren stapeln, dabei mit Honig beträufeln und mit Frischkäse bestreichen.
› Mit den gehackten Nüssen und Minze garniert servieren.

BIRNEN

Süß, energiereich, gut verträglich – die bauchigen Früchte sind direkt vom Baum ein Genuss! In der Küche dienen sie in vielen Süßspeisen und Kuchen, aber auch bei herzhaften Gerichten als charakteristische Zutat oder Beilage.

BIRNE-HELENE-TIRAMISU

Zutaten

für 4 Portionen
1 Zitrone (Saft)
200 ml Wasser
200 g Zucker
1 Birne
1 Eigelb
200 g Mascarpone
100 ml kalter Kaffee
2 cl Mandellikör
100 g Milchschokolade
2 EL Sahne
4 Löffelbiskuits

Zum Garnieren:
Schoko-Kaffeebohnen
Kakaopulver

Zubereitung

> Den Zitronensaft mit Wasser und Zucker aufkochen lassen; etwa 5 Min. kochen.
> Die Birne schälen, vierteln, das Kerngehäuse herausschneiden und die Viertel in schmale Spalten schneiden. In den Sirup legen, vom Herd nehmen und auskühlen lassen.
> Das Eigelb mit 4 EL vom Zuckersirup über einem heißen Wasserbad cremig schlagen. Vom Herd nehmen, kalt rühren und den Mascarpone unterheben.
> Den Kaffee mit dem Likör und 1 EL Zuckersirup vermischen.
> Die Schokolade hacken und mit der Sahne ebenfalls über dem heißen Wasserbad schmelzen lassen. Abkühlen lassen.
> Die Biskuits zerbröckeln und in 4 Gläser füllen. Gleichmäßig mit dem Kaffee tränken und die abgetropften Birnen darauflegen. Mit der Schokoladensauce bedecken und die Mascarpone-Creme daraufsetzen. Bis zum Servieren mindestens 30 Min. kalt stellen. Die Schoko-Kaffeebohnen darüberstreuen und alles mit Kakaopulver bestauben.

Herzhafte Birnen-Käse-Quiche

Zutaten

Für den Teig:

130 g Mehl
80 g Butter
1 Prise Salz
2 EL kaltes Wasser

Für den Belag:

2 Birnen
2 Zwiebeln
2 TL Zucker
50 g Brie
50 g Gorgonzola
100 ml Sahne
Salz und Pfeffer
Schnittlauchröllchen

Zubereitung

> Aus Mehl, Butter, Salz und einem Schuss kaltem Wasser einen glatten Teig herstellen.
> Eine Quiche-Form (19 cm Durchmesser) ausfetten und mit dem Teig auslegen. Dann bei 180 °C (Umluft) ca. 5–10 Min. backen.
> Die Zwiebeln schälen, in Ringe schneiden und in einer heißen Pfanne andünsten. Dann den Zucker zugeben und karamellisieren lassen.
> Die Birnen schälen, halbieren, das Kerngehäuse entfernen und die Hälften in Stücke schneiden.
> Den Käse klein würfeln, mit den karamellisierten Zwiebeln und den Birnenstückchen mischen und mit frisch gemahlenem Pfeffer und – wenn nötig – mit etwas Salz würzen.
> Zum Schluss die Sahne unterrühren und die Mischung auf dem vorgebackenen Teig verteilen.
> Bei 180 °C (Umluft) goldbraun backen und mit den Schnittlauchröllchen bestreuen.

Winterküche

Deftig und raffiniert –
die Winterküche

Kraftvoll durch den Winter

Frostige Kälte, Sturm, Eis und Schnee – jetzt ist es an der Zeit, den Körper besonders gut mit Vitaminen und Mineralstoffen zu versorgen. Robuste Gemüsesorten wie Kohl und Wurzelgemüse haben nun Hochsaison und liefern uns wertvolle Nährstoffe. Großer Beliebtheit erfreuen sich dabei Rosen-, Weiß- und Rotkohl, der Grünkohl dagegen fristet eher noch ein Schattendasein und findet seine Liebhaber vornehmlich in der regionalen Küche Norddeutschlands. Passend zur kalten Jahreszeit wird er hier gern mit einer kräftigen Fleischbeilage gereicht.

Wer es nicht ganz so deftig mag und Kohlgemüse angesichts seiner blähenden Wirkung eher meidet, dem bietet die Winterküche mit Chicorée und alten Sorten wie Steckrübe, Pastinake, Schwarzwurzel und Rote Bete wohlschmeckende Wurzelgemüse, die Abwechslung in den Speiseplan bringen.

Deftige Suppen, raffinierte Gratins, knusprige Röstis, vitaminreiche Smoothies oder gar eine knackig-süße Verlockung wie in Honig gebratenes Wurzelgemüse, dazu herrlich aromatische Gewürze – die Winterküche hat weitaus mehr zu bieten als ein tristes Gemüse-Einerlei.

ROSENKOHL

Er verträgt bis zu zwölf Minusgrade, die Erntezeit reicht daher bis in den März hinein. Und richtig durchgefroren schmeckt Rosenkohl am besten – angenehm süßlich, weil sich ein Teil seiner Stärke in Zucker verwandelt hat.

MARONEN-GNOCCHI MIT ROSENKOHL

Zutaten

für 4 Portionen

450 g mehligkochende
Kartoffeln
Salz
200 g Maronen, gegart und
vakuumiert
120 ml Sahne
2 Eigelbe
150 g Mehl
schwarzer Pfeffer aus der
Mühle
400 g Rosenkohl
300 g Schweinehackfleisch
1 Ei
3 EL Semmelbrösel
1 TL edelsüßes Paprikapulver
1 TL scharfes Paprikapulver
1 EL süßscharfe Chilisauce
2 EL Butterschmalz
2 EL Butter

Zubereitung

› Die Kartoffeln schälen und in Salzwasser garen. Inzwischen die Maronen grob würfeln, mit der Sahne in einen Topf geben und 6–8 Min. bei geringer Hitze köcheln lassen, dann im Mixer fein pürieren. Die Kartoffeln abgießen und noch heiß durch die Kartoffelpresse in eine Schüssel drücken. Maronenpüree, Eigelbe, Mehl, Salz und Pfeffer zufügen und alles rasch glattkneten, bei Bedarf noch etwas Sahne oder Mehl zugeben. Den Teig zu ca. 2 cm dicken Rollen formen und in ca. 2 cm lange Stücke schneiden.

› Den Rosenkohl waschen, putzen, halbieren und in kochendem Salzwasser in 7–8 Min. weich garen, abgießen, kalt abschrecken und gut abtropfen lassen.

› Das Hackfleisch mit Ei, Bröseln, Paprikapulver und Chilisauce mischen. Mit Salz und Pfeffer würzen und zu Bällchen formen.

› In einem Topf reichlich Salzwasser zum Kochen bringen, die Gnocchi einlegen und in 3–4 Min. bei geringer Hitze gar ziehen lassen. Die Gnocchi mit einer Schaumkelle herausheben, gut abtropfen und kurz abkühlen lassen.

› In einer Pfanne das Butterschmalz erhitzen und die Hackbällchen darin ringsum bräunen. Gnocchi und Rosenkohl zufügen und alles bei mittlerer Hitze noch 10–15 Min. braten, gelegentlich wenden. Zum Schluss die Butter zufügen, alles nochmals kurz durchschwenken und mit Salz und Pfeffer abschmecken.

Gesunde grüne Röschen

Rosenkohl ist die Vitaminbombe unter den Kohlsorten, denn kein anderer Kohl hat einen annähernd hohen Vitamin-C-Gehalt. Außerdem enthält er viele weitere wichtige Vitamine, z. B. A, B_1, B_2, B_6, E und K, sowie Eisen, Eiweiß, Folsäure, Kalzium, Kalium, Magnesium, Mangan, Natrium und Phosphor.

Den kleinen grünen Röschen wird nachgesagt, beruhigenden Einfluss auf die Nerven zu haben und bei Sodbrennen und Verstopfung zu helfen. Außerdem wirkt der Verzehr von Rosenkohl positiv auf erhöhten Blutdruck sowie regulierend auf den Cholesterinspiegel und stärkt aufgrund seines Vitamin-C-Gehalts das Immunsystem.

In der Küche

Rosenkohl sollte man gründlich waschen, bevor man den Strunk und die äußeren Blätter entfernt. Beim Kochen ist darauf zu achten, die Röschen nicht zu lange zu erhitzen, da sonst Geschmack und Nährstoffe verloren gehen. Gegen den leicht bitteren Geschmack hilft die Zugabe von etwas Zucker in das kochende Wasser. Frisch geerntet hält sich Rosenkohl – wenn er gekühlt und feucht gelagert wird – bis zu einer Woche.

STECKRÜBEN

Die Steckrübe wird oft verkannt. Bei der älteren Generation weckt sie Erinnerungen an schlechte Zeiten, in denen sie allzu oft auf den Tisch kam. Wohl deshalb fristet sie auch heute noch in den meisten Küchen bestenfalls ein Schattendasein. Doch völlig zu Unrecht ...

STECKRÜBENRÖSTI MIT RÄUCHERLACHS

Zutaten

für 4 Portionen

250 g Quark
Salz und schwarzer
Pfeffer aus der Mühle
2 EL Zitronensaft
1 EL Arganöl
2 EL Schnittlauchröllchen
500 g festkochende
Kartoffeln
500 g Steckrüben
1 Knoblauchzehe
1 Ei
1–2 EL Mehl
1 Prise Muskat
Butterschmalz
150 g Räucherlachs, in
Scheiben

Zubereitung

〉 Den Quark mit Salz, Pfeffer, Zitronensaft, Arganöl und Schnittlauchröllchen verrühren. Bis zum Anrichten abgedeckt kalt stellen.

〉 Die Kartoffeln waschen und ungeschält in Salzwasser ca. 25 Min. garen. Abschrecken, pellen und auskühlen lassen. Die Steckrübe schälen, in Stücke schneiden und in wenig Salzwasser weich garen. Die Kartoffeln auf einer Reibe grob raffeln. Die Steckrübenstücke abgießen, mit einem Kartoffelstampfer fein zerdrücken und zu den Kartoffeln geben. Die Knoblauchzehe schälen und sehr fein hacken, dann unter die Kartoffeln mischen, das Ei und das Mehl unterrühren und die Masse mit Salz, Pfeffer und Muskat würzen.

〉 Das Butterschmalz in einer beschichteten Pfanne erhitzen. Mit einem Esslöffel kleine Häufchen der Röstimasse in die Pfanne geben, flach drücken und glatt streichen. Die Röstis auf beiden Seiten goldbraun braten, herausnehmen und warm halten, bis alle Röstis fertig gebraten sind.

〉 Zum Anrichten jeweils mehrere Röstis aufeinanderstapeln, mit Schnittlauchquark und Räucherlachs garnieren.

STECKRÜBENSUPPE

Zutaten

für 4 Portionen

400 g Steckrüben
150 g Knollensellerie
150 g mehligkochende Kartoffeln
1 Möhre
1 Zwiebel
1 Knoblauchzehe
2 EL Butter
1 l Gemüsebrühe
4 Stängel Thymian
4 Stängel Majoran
1 Lorbeerblatt
Salz und Pfeffer
½ Stangenweißbrot
2–3 EL Rapsöl
2–3 Stängel Petersilie
150 ml Sahne
1–2 EL Zitronensaft
Chilipulver
Muskat

Zubereitung

> Rüben, Sellerie, Kartoffeln, Möhre, Zwiebel und Knoblauch schälen und alles klein würfeln. Zusammen in einem heißen Topf in der Butter 2–3 Min. farblos anschwitzen. Die Brühe angießen und aufkochen lassen. Thymian und Majoran abbrausen, trocken schütteln, mit dem Lorbeerblatt zu einem Sträußchen binden, zur Suppe geben, salzen, pfeffern und alles etwa 25 Min. leise köcheln lassen.

> Das Brot in dünne Scheiben schneiden und auf beiden Seiten mit etwas Öl bepinseln. In einer heißen Pfanne knusprig rösten. Aus der Pfanne nehmen und abkühlen lassen. Einige Scheiben zum Garnieren in Stücke brechen oder schneiden. Die Petersilie abbrausen, trocken schütteln, die Blätter abzupfen und fein hacken.

> Das Kräutersträußchen aus der Suppe nehmen, die Suppe pürieren und durch ein feines Sieb streichen. Zurück im Topf die Sahne (bis auf 4 EL) ergänzen und je nach Konsistenz noch etwas Brühe zugeben oder einkochen lassen. Mit Salz, Pfeffer, Zitronensaft, Chili und Muskat abschmecken.

> Die Suppe auf Schüsseln verteilen, mit der übrigen Sahne beträufeln, mit den Croûtons und der Petersilie bestreuen und mit den Brotscheiben servieren.

WIRSING

Gekrauste, locker zusammen-
geschlossene grüne Blätter
zeichnen diese in Deutschland erst seit dem 18. Jahrhundert bekannte Kohlsorte
aus. Heute ist der Wirsing
weltweit verbreitet – und
diese Beliebtheit verdankt er
sicher vor allem seinen angenehm würzigen Aromen.

Grüner Knabberspaß

Knusprige Chips lassen sich aus vielen Gemüsesorten herstellen – so auch aus Wirsing. Das ist ganz einfach, schmeckt super
lecker und macht auch kleinen Küchenhelfern großen Spaß.
So geht's:
Geputzte und vollständig abgetrocknete
Wirsingblätter in gleich große Stücke
schneiden und anschließend mit einer Mischung aus Olivenöl und Salz – nach Belieben können auch noch weitere Gewürze
verwendet werden – gründlich vermengen.
Die marinierten Wirsingstücke auf einem
mit Backpapier ausgelegten Backblech verteilen und im vorgeheizten Backofen (alternativ in einem Dörrgerät) bei 110 °C (Umluft) etwa 30–40 Min. knusprig backen.

Zutaten
für 4 Portionen

8 große Wirsingblätter	1 Ei
Salz	20 g Butter
1 große Zwiebel	2 EL Olivenöl
2 Knoblauchzehen	80 ml Weißwein
50 g Pancetta	150 ml Gemüsebrühe
500 g gemischtes	150 ml passierte
Hackfleisch	Tomaten
1 TL edelsüßes Paprika-	1 TL Thymianblättchen
pulver	Fleur de Sel
Pfeffer aus der Mühle	
1 EL glatte Petersilien-	
blättchen	

🧑‍🍳 TIPPS ZUM WIRSING

BITTEREN GESCHMACK VERMEIDEN: Um zu verhindern, dass Wirsing bitter schmeckt, sollte man die äußeren Blätter entfernen und die übrigen Blätter blanchieren. Außerdem kann es hilfreich sein, den Wirsing im offenen Topf ohne Deckel zu kochen. Gegen den strengen Kohlgeruch hilft es, dem Kochwasser etwas Essig hinzuzufügen.

EINFRIEREN: Wirsing eignet sich hervorragend zum Einfrieren. Wichtig ist nur, dass er zuvor gründlich gewaschen, geputzt und blanchiert wird. Das Blanchieren dient dazu, wichtige Vitamine zu erhalten und zu verhindern, dass sich die Blätter braun verfärben. Portionsweise und luftdicht in geeignete Gefäße oder Gefrierbeutel verpackt ist Wirsing tiefgefroren bis zu einem Jahr haltbar.

WIRSINGROULADEN

Zubereitung

〉 Die Wirsingblätter in kochendem Salzwasser 3–5 Min. blanchieren, dann in Eiswasser abschrecken. Die Blätter auf einem Küchentuch gut abtropfen lassen. Zwiebel und Knoblauch schälen und fein würfeln. Die Pancetta in kleine Würfel schneiden.

〉 Das Hackfleisch mit Zwiebel, Knoblauch, Pancetta, Petersilie, Ei, Paprikapulver, Salz und Pfeffer in einer Schüssel gut vermengen.

〉 Den Fleischteig in 8 Portionen teilen und jeweils auf ein Wirsingblatt setzen, dieses seitlich einschlagen und zu Rouladen aufrollen.

〉 In einem großen Topf Butter und 1 EL Öl erhitzen. Die Rouladen darin ringsum bei mittlerer Hitze anbraten. Mit der Hälfte des Weißweins ablöschen.

〉 Eine ofenfeste Form mit 1 EL Öl ausstreichen und die Rouladen mit der Nahtstelle nach unten hineinsetzen. Restlichen Weißwein und Brühe angießen, Tomaten zufügen und alles mit Thymian bestreuen.

〉 Die Rouladen im auf 180 °C (Umluft) vorgeheizten Ofen 20–25 Min. garen, ab und zu wenden.

〉 Die Rouladen aus der Form heben und auf vorgewärmte Teller legen. Die Sauce mit Salz und Pfeffer abschmecken.

〉 Die Wirsingrouladen mit etwas Sauce anrichten, mit Fleur de Sel und grobem Pfeffer bestreut servieren.

Für jede Jahreszeit

Aufgrund des Sortenreichtums und der unterschiedlich langen Kulturzeiten von Kohlgemüse kann man es ab Juni bis
weit in den Winter hinein im Garten ernten. Wer noch nie Kohl
angebaut hat, startet am besten mit Grünkohl, Blumenkohl gilt
als besonders schwierig.

Der Boden

Fast alle Kohlsorten – ob Blumenkohl, Brokkoli, Chinakohl,
Rosenkohl, Spitzkohl, Weißkohl oder Wirsing – sind an-
spruchsvolle Starkzehrer. Schon bei der Standortwahl gilt
es, genau hinzuschauen. Der Boden sollte nährstoffreich
sein und einen ph-Wert zwischen 5,5 und 6,8 aufweisen
(ggf. ist eine Bodenanalyse sinnvoll). Außerdem mögen
die tief wurzelnden Kohlsorten tiefgründigen, nicht zu
lehmigen, aber auch nicht zu sandigen Untergrund.
Am besten bereiten Sie den Boden schon im Herbst des
Vorjahres vor: Graben Sie ihn um, arbeiten Sie auch gleich
Dünger ein und streuen Sie auf die Beetoberfläche
etwas Kalk.

Nachbarschaft und Fruchtfolge

Achten Sie auf gute nachbarschaftliche Beziehungen: Wunderbar gedeiht Kohl z. B. neben Bohnen, Erbsen, Gurken,
Kartoffeln, Mangold, Möhren, Salat, Spinat oder Tomaten.
Auf Knoblauch und Zwiebeln reagiert er allergisch. Und
auch auf die Fruchtfolge gilt es zu achten. Auf die Bebau-
ung einer Parzelle mit Kohl sollten dort mindestens zwei
Jahre ohne Kohl folgen: Im ersten Jahr danach empfiehlt
es sich, einen Mittelzehrer anzupflanzen, im darauf fol-
genden Jahr einen Schwachzehrer.

Kohl im Garten

Giessen und Düngen

Sämtliche Kohlsorten werden es Ihnen danken, wenn der Boden stets leicht feucht gehalten wird – regelmäßiges Gießen ist Pflicht. Gleiches gilt für das Düngen. Ein guter Nährstofflieferant ist Brennnesseljauche: Auf ca. 1 kg klein geschnittene Brennnesselblätter kommen 10 l Wasser. Das Ganze lassen Sie (gelegentlich umrühren!) 2–3 Wochen in einem geschlossenen Behälter ziehen. Mit der fertigen Jauche gießen Sie den Kohl dann alle 3–4 Wochen.

Unkraut und Schädlinge

Um das Beet von Unkraut zu befreien, sollten Sie es zu Beginn der Anbauzeit regelmäßig harken. Die Jungpflanzen sollten außerdem gegen Vogelfraß geschützt werden – Abhilfe schaffen Sie, indem Sie an Stöckchen Schnüre im Beet spannen und diese mit bunten Bändern oder Ähnlichem versehen. Und auch sonst erfordert die Schädlingsbekämpfung ein wachsames Auge! Die schlimmsten Widersacher einer reichen Ernte sind:

Erdflöhe: Gegen die kleinen schwarzen oder gelb gestreiften Käfer schützt man Jungpflanzen am besten mit einem Netz oder Vlies, das man im Frühjahr über das Beet spannt.

Kohlblattläuse: Sich kräuselnde und vergilbende Blätter sind ein Anzeichen für diese Schädlinge – die Blätter müssen entfernt werden!

Kohlweißling, Kohleule und Kohlmotte: Raupenbefall kann die Ernte eines ganzen Jahres zerstören. Schützen Sie die Pflanzen mit einem Netz oder setzen Sie Insektenvertreiber wie Anis oder Beifuß ins Beet. Suchen Sie die Blätter des Kohls außerdem frühzeitig nach Eiern sowie Raupen ab und entfernen Sie diese. Zu einem späteren Zeitpunkt führt kein Weg an einem (möglichst biologischen) Pflanzenschutzmittel aus dem Fachhandel vorbei.

ROTKOHL

Frisch aus dem Garten hat der Rotkohl eine blauviolette Farbe, erst die Zugabe von Essig, Zitronensaft oder Rotwein sorgt beim Kochen für die rote Färbung. Weil man ihn sehr lange lagern kann, ist er ein typisches Wintergemüse.

KRAUTSALAT MIT ROTKOHL

Zutaten
für 4 Portionen
1 kleiner Kopf Rotkohl,
(ca. 600 g)
1 kleine rote Zwiebel
2 Möhren
5 EL Mayonnaise
3 EL Joghurt
2 EL Schmand
ca. 2 EL Apfelessig
1 TL Zucker
Salz und schwarzer
Pfeffer aus der Mühle
1 EL Korianderblättchen
2 EL Haselnuss- oder Maca-
damianusskerne

Zubereitung
> Den Rotkohl putzen, vierteln und in feine Streifen hobeln. Die Kohlstreifen in einem Sieb kalt abbrausen und gut abtropfen lassen. Die Zwiebel schälen und fein würfeln. Die Möhren schälen und auf einer Küchenreibe fein raspeln.
> Die Mayonnaise in einer Schüssel mit Joghurt, Schmand, Apfelessig, Zucker und je ½ TL Salz und Pfeffer verrühren.
> Rotkohl, Zwiebel und Möhren zufügen und alles gut vermengen. Die Korianderblättchen abbrausen, trocken tupfen und in Streifen schneiden. Die Nüsse in Scheiben schneiden. Das Koriandergrün und die Nüsse untermischen, den Krautsalat mit Salz, Pfeffer und Essig abschmecken. Vor dem Servieren mindestens 30 Min. durchziehen lassen.

ROTKOHL IM GARTEN

Kohl gedeiht besser, wenn Sie Gartenbohnen dazwischen pflanzen – gegenseitig halten diese Pflanzen Schädlinge fern. Solche Kombinationen von Arten, die sich positiv oder negativ beeinflussen, kannten schon antike Gärtner: Der Römer Marcus Varro berichtete im 1. Jh. v. Chr., dass Kohl und Wein nebeneinander nicht gedeihen; von Plinius dem Älteren ist aus dem 1. Jh. n. Chr. die Aussage überliefert, dass Kichererbsen Kohl vor Raupenbefall schützen.

Empfehlenswerte Rotkohlsorten sind 'Frührot', 'Marner Frührotkohl', 'Allrot' und 'Expo' (mittelfrüher Rotkohl) und 'Dauerrot', 'Winterrot' (Spätrotkohl).

ROTKOHL LAGERN

Rotkohl ist frisch, wenn er eine pralle und glatte Oberfläche hat. Beim Anschneiden sollte ein Rotkohlkopf leicht knacken und die Schnittflächen sich wölben. Im kühlen, dunklen Keller kann man Rotkohl bis zu 2 Monate lang lagern, im Kühlschrank nicht länger als 10 Tage.

PASTINAKEN

Die Pastinake ist ein regelrechtes „Steinzeitgemüse" – schon vor Jahrtausenden wurde sie von unseren Vorfahren verzehrt. Über Jahrhunderte hinweg hatte sie ihren festen Platz in unserer Küche. Doch dann wurde sie von Möhren und Kartoffeln ins Abseits gedrängt. Heute erlebt sie ein Comeback.

Wenn der Magen drückt

Pastinaken stecken voller Vitamine, so etwa Vitamin C und Vitamine der B-Gruppe. Darüber hinaus enthalten sie wertvolle Mineralstoffe wie Kalium, Kalzium, Magnesium und Phosphor. Schon in der Antike wurde die Pastinake als Heilpflanze gepriesen und bei Verstopfung oder als Gegenmittel bei Vergiftungen empfohlen. Heute wissen wir, dass die wohltuende Wirkung bei Magen-Darm-Beschwerden auf den hohen Ballaststoffanteil in Verbindung mit den in der Pastinake enthaltenen ätherischen Ölen zurückzuführen ist. Beides regt die Verdauung an und bringt uns wieder ins Gleichgewicht.

WHO IS WHO?

Auch wenn die ersten Pastinaken schon mit Herbstbeginn erhältlich sind – am besten schmecken sollen sie nach dem ersten Frost. Leicht kann man die Pastinake mit der Petersilienwurzel verwechseln. Doch hier helfen ein genauer Blick und eine gute Nase: Bei der Pastinake ist der Blattansatz leicht eingedrückt, bei der Petersilienwurzel hingegen etwas gewölbt. Ganz ihrem Namen entsprechend riecht Letztere stark nach Petersilie, wohingegen die Pastinake ein eher süßliches Aroma verströmt.

Wer Pastinaken selbst anbauen möchte, muss geduldig sein, denn erst nach rund sieben Monaten kann geerntet werden.

Noch besser als Potatoe-Pommes

Mit ihrem süßlichen Geschmack ist die Pastinake ideal für Kindergerichte geeignet, auch wenn die lieben Kleinen vielleicht zunächst skeptisch sind. Um ihnen darüber hinwegzuhelfen, kann man sie als den Kinder-Hit Pommes zubereiten – und lässt den Nachwuchs dabei am besten kräftig mithelfen: Pastinaken putzen, schälen und in feine Stifte schneiden; etwas Gemüsebrühe mit ein wenig Olivenöl mischen, die Pastinaken darin wenden und anschließend im vorgeheizten Backofen bei etwa 180 °C (Umluft) goldgelb backen. In der Zwischenzeit können noch verschiedene Dips zubereitet werden. Und – fertig sind die Pommes!

In Honig gebratenes Wurzelgemüse

Zutaten
für 4 Portionen

500 g Fingermöhren
500 g Pastinaken
Salz
Pfeffer
½ TL Kreuzkümmel
1–2 Msp. Paprikapulver, rosenscharf
1 Msp. Kurkuma
3–4 EL Olivenöl
1 EL flüssiger Honig
3 Stängel Petersilie
3 Stängel Koriander

Zubereitung

〉 Den Backofen auf 180 °C (Umluft) vorheizen.
〉 Die Möhren und Pastinaken schälen. Dicke Möhren längs halbieren oder vierteln, Möhren bis Fingerdicke ganz lassen. Die Pastinaken längs halbieren oder vierteln.
〉 Das Gemüse in eine Schüssel geben, salzen, pfeffern und mit Kreuzkümmel, Paprika und Kurkuma würzen. Das Öl dazugeben und alles gründlich vermischen.
〉 Auf einem Backblech verteilen und im heißen Ofen ca. 15 Min. schmoren, dabei mehrfach wenden.
〉 Den Honig darüberträufeln, gut verteilen und das Gemüse weitere ca. 5 Min. im Ofen bissfest und leicht gebräunt braten.
〉 Inzwischen die Petersilie und den Koriander waschen, trocken schütteln und die Blättchen fein hacken.
〉 Unter das Gemüse mischen und anrichten.

WEISSKOHL

Weißkohl ist ein enger Verwandter des ebenso runden Rotkohls, aber auch der kegelförmige und etwas feinere Spitzkohl gehört zur Familie. Ein großer Teil der Weißkohlernte wird zu Sauerkraut verarbeitet – so konserviert ist er seit Jahrhunderten in einigen Ländern Mittel- und Osteuropas ein typisches Wintergericht.

FLAMMKUCHEN MIT WEISSKOHL

Zutaten
für 4 Portionen

Für den Teig:
10 g frische Hefe
ca. 350 g Mehl
Salz
Mehl zum Arbeiten

Für den Belag:
200 g Weißkohl
1 Zwiebel
2 EL Rapsöl
1 TL frisch gehackter Thymian
Salz und Pfeffer
200 g Sauerkraut, Dose
250 g Crème fraîche
100 g Pancetta
Thymian zum Garnieren

Zubereitung

⟩ Die Hefe in ca. 175 ml lauwarmem Wasser auflösen, mit dem Mehl und 1 TL Salz zu einem geschmeidigen Teig verkneten. Zugedeckt an einem warmen Ort ca. 30 Min. gehen lassen.

⟩ Den Weißkohl von den äußeren Blättern befreien und in Streifen schneiden. Die Zwiebel abziehen und würfeln. Das Öl in eine heiße Pfanne geben und darin die Zwiebel mit dem Kohl 5–7 Min. bei mittlerer Temperatur braten. Der Kohl darf noch sehr bissfest sein. Mit Thymian, Salz und Pfeffer würzen. Das Sauerkraut abtropfen lassen und gut ausdrücken.

⟩ Den Backofen auf 220 °C (Umluft) vorheizen. Zwei Backbleche mit Backpapier belegen.

⟩ Den Hefeteig auf bemehlter Arbeitsfläche durchkneten, in 6–8 Stücke teilen und jeweils zu dünnen Fladen ausrollen. Auf die Backbleche legen.

⟩ Die Crème fraîche mit etwas Salz und Pfeffer würzen. Auf die Fladen streichen. Pancetta in dünne Scheiben schneiden. Die Fladen mit Sauerkraut, Weißkohl-Zwiebel-Mischung und Pancetta belegen. Im Ofen 10–15 Min. goldbraun und knusprig backen.

⟩ Mit Thymian garnieren und servieren.

Bayrisches Kraut

Zutaten

für 4 Portionen

800 g Weißkohl
1 Zwiebel
1 Apfel
80 g geräucherter Bauch-
speck

1 EL Butterschmalz
1 TL Puderzucker
2 EL Apfelessig
ca. 150 ml Gemüse-
brühe
Salz und Pfeffer aus
der Mühle
Kümmel, gemahlen

Zubereitung

› Den Kohl waschen, putzen (dabei den harten Strunk entfernen) und ihn in feine Streifen schneiden oder hobeln.
› Die Zwiebel schälen und in feine Streifen schneiden.
› Den Apfel schälen, vierteln, das Kernhaus herausschneiden und die Viertel sehr klein würfeln.
› Den Speck klein würfeln und in einem heißen Topf mit den Zwiebeln und dem Apfel im Butterschmalz anschwitzen. Mit dem Puderzucker bestreuen und leicht karamellisieren lassen. Mit dem Essig und der Brühe ablöschen.
› Das Kraut untermischen, mit Salz, Pfeffer und Kümmel würzen und zugedeckt ca. 15 Min. bissfest garen.

GRÜNKOHL

Vor allem in Deutschlands Norden wird der Grünkohl seit jeher als beliebtes Wintergemüse geschätzt. Er ist ein wahres Multitalent, das man auf unterschiedlichste Art und Weise zubereiten kann – von klassisch-deftig bis hin zu exotisch-ausgefallen.

KNALLGRÜNE SMOOTHIES

Zutaten
für 4 Portionen
400 ml klein gehackter Grünkohl
2 grüne Äpfel (entkernt, geschält und geviertelt)
200 ml Ananasstücke
300 ml Mandelmilch oder Kokoswasser
1 Prise Salz
3 EL Zitronensaft
1 TL Honig

Zubereitung
Alles gut vermixen.

Variante: Wer es süßer und reichhaltiger mag, kann noch eine Banane hinzufügen.

 Grünes Powergemüse

Grünkohl ist reich an Vitaminen, darunter Vitamin A und C, und Mineralstoffen, die unsere Abwehrkräfte stärken. Aufgrund seines hohen Kalziumgehalts wirkt er Osteoporose entgegen und bietet eine gute Alternative für alle, die Milchprodukte nicht vertragen oder mögen. Zudem enthält er einen hohen Anteil an Kalium, das den Wasserhaushalt in unserem Körper reguliert, unser Herz-Kreis-laufSystem stabilisiert und wichtig für die Funktion von Nerven und Muskeln ist. Und – Grünkohl liefert im Vergleich zu anderen Gemüsesorten viel Protein – ein großes Plus für Vegetarier und Veganer.

GRÜNKOHL MIT PINKEL UND KASSELER

Zutaten
für 4 Portionen
2 kg Grünkohl
3 Zwiebeln
2 EL Butterschmalz
400 ml Gemüsebrühe
Senf
Zucker
Salz und Pfeffer
4–8 Scheiben Kasseler
4–8 Pinkelwürste, alternativ Kochwurst

Zubereitung
> Die Blätter des Grünkohls von den dicken Stielen entfernen, gründlich waschen und portionsweise in kochendem Salzwasser ca. 5 Min. blanchieren. Danach abschrecken, abtropfen lassen und mit einem Messer grob hacken.
> Zwiebeln schälen und in feine Würfel schneiden.
> Das Butterschmalz in einem großen Topf erhitzen, die Zwiebelwürfel darin glasig dünsten, den Grünkohl zufügen und zusammen mit der Gemüsebrühe aufkochen.
> Mit Pfeffer, Salz, Senf und Zucker würzen.
> Das Gemüse insgesamt ca. 90 Min. kochen lassen, gelegentlich umrühren und bei Bedarf heißes Wasser zugießen.
> Die Kasselerscheiben ca. 60 Min., die Pinkelwürste erst 10 Min. vor Ende der Garzeit in den Topf legen.

Das schmeckt dazu: Als Beilage sind goldbraun geröstete Bratkartoffeln hervorragend geeignet.

 GRÜNKOHL AUFWÄRMEN?

Vermeiden Sie es, Grünkohl mehrmals aufzuwärmen oder über einen längeren Zeitraum warm zu halten. Ebenso wie Spinat enthält aufgewärmter Grünkohl viel Nitrit, das sich durch Abkühlen und Erwärmen entwickelt. In größeren Mengen kann sich Nitrit negativ auf die Gesundheit auswirken. Bewahren Sie bereits gekochten Grünkohl in einem geschlossenen Gefäß im Kühlschrank auf. Babys und Kleinkinder sollten keinen aufgewärmten Grünkohl essen.

KOHLRABI

Rein äußerlich kommen die überirdisch wachsenden Knollen dieses Kohls in Tönen zwischen hellgrün und violett daher, geschmacklich sind sie aber alle gleich. Je nach Region ist er auch unter den Namen Oberkohlrabi, Oberrübe, Rübkohl und Kohlrübe bekannt.

KOHLRABIBRATLINGE

Zutaten

für 4 Portionen

500 g Kohlrabi
200 g vorwiegend fest-
kochende Kartoffeln
1 Möhre
1 Ei
100 g Quark
1 TL Currypulver
60 g geriebener Gouda
2 EL frisch gehackte
Petersilie
2 EL Sesamsamen
2–3 EL Maismehl
Salz und Pfeffer
Muskat
4–5 EL Rapsöl zum
Braten

Zubereitung

› Kohlrabi, Kartoffeln und Möhre schälen und alles fein raspeln. In einer Schüssel mit dem Ei, Quark, Curry, Käse, Petersilie, Sesam und dem Mehl gut vermengen. Mit Salz, Pfeffer und Muskat würzen.
› Aus der Masse kleine Bratlinge formen, in eine Pfanne (am besten beschichtet) in heißes Öl setzen und 4–5 Min. langsam goldbraun braten. Dann wenden und weitere 4–5 Min. goldbraun fertig backen. So portionsweise alle Bratlinge garen.
› Auf Küchenpapier abtropfen lassen.

GUT ZU WISSEN

ANBAU UND ERNTE: Wer Kohlrabi im eigenen Garten anbaut, sollte darauf achten, dass der Boden regelmäßig und gleichmäßig bewässert wird. Je früher geerntet wird, desto zarter schmeckt das Gemüse – je später man erntet, desto holziger wird die Knolle.

LAGERUNG: Im Kühlschrank ist Kohlrabi lange haltbar, man sollte jedoch unbedingt die Blätter entfernen. Es empfiehlt sich außerdem, die Knollen in ein feuchtes Tuch einzuwickeln, denn so bleiben sie länger zart und knackig.

ESSBARE BLÄTTER: Kohlrabiblätter sind reich an Vitaminen und Nährstoffen. Roh in Salaten oder kurz in Salzwasser blanchiert schmecken sie einfach köstlich.

KOHLRABIROHKOST

Zutaten
für 4 Portionen

100 g gehobelte Mandeln
600 g Kohlrabi
½ Handvoll Petersilie
1 Bd. Frühlingszwiebeln
3 EL Apfelessig
2 EL Zitronensaft
1 TL Senf
Salz und Pfeffer
1 TL Ahornsirup
4 EL Traubenkernöl

Zubereitung

〉 Die Mandeln in einer beschichteten Pfanne ohne Fett unter Wenden goldbraun anrösten, dann auskühlen lassen.
〉 Den Kohlrabi schälen und in sehr feine Stifte schneiden oder hobeln. Die Petersilie waschen, trocken schütteln und hacken. Die Frühlingszwiebeln putzen, waschen und in feine Ringe schneiden.
〉 Aus Essig, Zitronensaft, Senf, Salz, Pfeffer und Ahornsirup ein Dressing rühren. Das Öl unterquirlen.
〉 Die Kohlrabistifte mit der Petersilie und zwei Dritteln der Frühlingszwiebeln mischen und marinieren.
〉 In Schälchen anrichten, mit Pfeffer übermahlen und mit den restlichen Frühlingszwiebeln sowie den Mandeln bestreuen.

ROTE BETE

Mit dem Siegeszug manch anderer alter Gemüsesorten gewinnt auch die Zubereitung frischer Rote Bete wieder an Bedeutung. Rote Bete stecken voller Potenzial: ob roh geraspelt, gedämpft, püriert, gebacken oder gar geräuchert.

BORSCHTSCH

Zutaten

für 4 Portionen

Für die Brühe:

1 Zwiebel
150 g Knollensellerie
1 kg Suppen-
knochen
400 g Rindfleisch,
zum Kochen (z. B.
Schulter)
1 TL Pfefferkörner
1 TL Wacholder-
beeren
1 Lorbeerblatt
ca. 1,5 l Wasser

Für die Einlage:

200 g festkochende
Kartoffeln
1 kleine Möhre
600 g Rote Bete
100 g Fenchel
Salz und Pfeffer aus
der Mühle
1 EL Butter
2 EL Tomatenmark
2–3 EL Weinessig
1 Prise Zucker

Außerdem:

2 EL Sauerrahm
frische Kräuter, zum
Bestreuen (z. B. Thy-
mian)

Zubereitung

〉 Zwiebel und Sellerie schälen und in Stücke schneiden. Die Sup-
penknochen kalt abwaschen und mit dem Fleisch, der Zwiebel,
dem Sellerie und den Gewürzen mit Wasser bedeckt in einem
Topf zum Kochen bringen. Bei schwacher Hitze etwa 2 Std. leise
weich simmern lassen. Nach Bedarf Wasser ergänzen.

〉 Für die Einlage die Kartoffeln, die Möhre und die Rote Bete
schälen und in Würfel schneiden. Den Fenchel waschen, putzen
und klein schneiden.

〉 Das Fleisch aus der Brühe nehmen. Die Brühe durch ein Sieb
abseihen. Etwa 1 l zurück in einen Topf gießen, salzen, pfeffern,
aufkochen lassen, den Fenchel und die Kartoffeln zugeben und
etwa 15 Min. leise köcheln.

〉 Die Möhren mit der Roten Bete in heißer Butter kurz anschwitzen. Das Tomatenmark untermengen und mit etwas Brühe
ablöschen. Essig, Zucker, Salz und Pfeffer zufügen und alles bei
schwacher Hitze 10 Min. simmern lassen. Zur Suppe in den Topf
geben und alles weitere ca. 30 Min. gar köcheln lassen. Nach
Bedarf noch etwas Brühe ergänzen.

〉 Den Sauerrahm unterrühren und die Suppe abschmecken. Das
abgekühlte Fleisch in kleine Würfel schneiden und in der Suppe
heiß werden lassen (nicht mehr kochen!).

〉 Mit Kräutern bestreuen und servieren.

BLOSS NICHT ROT WERDEN!

Nicht umsonst wurde die Rote Bete einst zum Färben von Textilien verwendet. Wer die dunkelroten Knollen liebt, weiß: Ihr Farbstoff ist intensiv und so mancher Spritzer hat schon kleine rote Tupfer auf der Kleidung hinterlassen. Bei der Zubereitung ist es deshalb ratsam, Handschuhe und eine Küchenschürze zu tragen. Beim Reinigen der Knollen darf die Schale nicht verletzt werden, da sonst bereits Farbstoff austreten kann und wertvolle Gehaltstoffe verloren gehen. Gleiches ist beim Garen zu beachten: Hier sollte man nicht mit einem Messer oder einer Gabel in die Knollen stechen, um die Garzeit zu testen.

Damit Schneidebretter nicht die rote Farbe annehmen, empfiehlt es sich, sie vor der Verwendung in kaltes Wasser zu tauchen.

FARBENFROH UND GENÜGSAM

Ursprünglich im östlichen Mittelmeerraum und Nahen Osten beheimatet, ist die Rote Bete, wie wir sie kennen, das Ergebnis einer Züchtung im 19./20. Jahrhundert. Inzwischen gibt es sie in einer großen Formen- und Farbenvielfalt: klein, groß, rund, langgestreckt, weiß, gelb, rot oder interessant rot-weiß gestreift. Dennoch: Die rote Variante ist die handelsüblichste.

Für Hobbygärtner ist die Rote Bete gut geeignet, denn sie ist recht anspruchslos und lässt sich leicht kultivieren. Die Knollen sollten bei der Ernte nicht zu groß sein. Es gilt: Je kleiner, umso feiner das Aroma.

SCHWARZWURZEL

Außen schwarz, innen weiß – so präsentiert sich die ursprünglich aus Südeuropa stammende, auch „Winterspargel" genannte Schwarzwurzel. Geschmacklich ähnelt sie mit ihrem leicht nussigen Aroma dem Frühjahrsspargel.

SCHWARZWURZEL-SCHINKEN-RÖLLCHEN

Zutaten
für 4 Portionen

500 g dünne Schwarzwurzeln
Salz
2 Frühlingszwiebeln
100 g Frischkäse
1 EL süßer Senf
1–2 EL frisch geraspelter Meerrettich
1 EL gehackte Petersilie
schwarzer Pfeffer aus der Mühle
ca. 200 g gekochter Schinken, in Scheiben
200 g Blattsalate der Saison
1 EL weißer Balsamico
1 EL Apfelessig
1 TL Senf
1 Prise Zucker
2 EL Rapsöl
2 EL Olivenöl
1 EL Butter

Zubereitung

〉 Die Schwarzwurzeln unter fließendem Wasser gründlich abbürsten und in kochendem Salzwasser ca. 20 Min. weich garen. Abschrecken, kurz abkühlen lassen, schälen und in 10–12 cm lange Stücke schneiden. Die Frühlingszwiebeln waschen und fein würfeln. Den Frischkäse mit dem Senf verrühren. Frühlingszwiebeln, Meerrettich und Petersilie untermischen, die Käsecreme mit Salz und Pfeffer abschmecken.

〉 Die Schinkenscheiben dünn mit Käsecreme bestreichen, die Schwarzwurzeln darin einrollen und beiseitestellen.

〉 Salate waschen und trocknen.

〉 Essige mit Salz, Pfeffer, Senf und Zucker verrühren. Raps- und 1 EL Olivenöl kräftig unterschlagen.

〉 In einer beschichteten Pfanne 1 EL Olivenöl mit der Butter erhitzen und die Schwarzwurzelröllchen darin ringsum ca. 5 Min. braten.

〉 Salat mit der Vinaigrette vermischen, auf Teller verteilen und die Röllchen darauf anrichten, leicht salzen und sofort servieren.

Schlankmacher

Da die Schwarzwurzel kalorienarm und sehr reich an Ballaststoffen ist, eignet sie sich wunderbar zum Abnehmen. Zudem gilt sie als harntreibend und entgiftend. B-Vitamine wirken sich positiv auf unser Nervensystem aus, und das ansonsten meist in kalorienhaltigen Nüssen und Samen enthaltene Vitamin E sorgt für elastische Zellwände. Zudem ist die Schwarzwurzel ein guter Eisenlieferant. Wer sich vegetarisch/vegan ernährt, sollte den Stangen deshalb einen festen Platz in der Gemüseküche einräumen.

SCHWARZWURZELGRATIN

Zutaten

für 4 Portionen

1 unbehandelte Zitrone, Saft und Abrieb

1,2 kg Schwarzwurzel

Salz und schwarzer Pfeffer aus der Mühle

ca. 500 ml Wasser

60 g getrocknete Tomaten, in Öl

60 g Haselnusskerne

Muskat

1 Prise Cayennepfeffer

1 Prise Paprikapulver, edelsüß

1 TL Oreganoblättchen

220 ml Sahne (für vegane Variante: Sojasahne)

Zubereitung

⟩ In einem großen Topf Wasser mit Zitronensaft mischen. Die Schwarzwurzeln unter fließendem Wasser bürsten, schälen und ins Zitronenwasser legen. Anschließend in ca. 12 cm lange Stücke schneiden, sehr dicke Wurzeln zuvor längs halbieren.

⟩ In einem weiteren Topf gesalzenes Wasser aufkochen und die Schwarzwurzeln darin 10–15 Min. köcheln lassen.

⟩ Den Backofen auf 160 °C (Umluft) vorheizen.

⟩ Die Tomaten abgießen, etwas Öl auffangen und damit vier kleine Auflaufformen (oder eine große Form) auspinseln. Die Tomaten zusammen mit den Nüssen klein hacken.

⟩ Die Sahne mit Salz, Pfeffer, Muskat, Cayennepfeffer, Paprika, Oregano und etwa ½ TL Zitronenabrieb verrühren.

⟩ Die Schwarzwurzeln abgießen, kurz abkühlen lassen und auf die Formen verteilen. Mit der Sahne übergießen und die Nuss-Tomaten-Mischung darauf verteilen. Im Ofen ca. 20 Min. überbacken. Nach Belieben mit frischem Oregano garniert servieren.

DER NAME IST PROGRAMM!

Beim Schälen der rohen Wurzeln ist Vorsicht geboten: Es tritt milchiger Saft aus, der rasch oxidiert und braun färbt. Wird die Wurzel vor dem Garen geschält, sollte man auf jeden Fall Gummihandschuhe tragen und die geschälten Stangen bis zur Weiterverarbeitung in Essig- oder Zitronenwasser legen. Werden die Schwarzwurzeln jedoch erst nach dem Garen geschält, tritt zwar kein Saft mehr aus, doch das Aroma ist dann nicht mehr so ausgeprägt.

Chicorée

Knackige, weiße Blätter mit zartgelben Rändern, ein typischer Bittergeschmack – das sind die Kennzeichen der im Dunkeln treibenden Sprosse der Salatzichorie. Sie lässt sich gut als Salat, aber auch gedünstet, geschmort oder gekocht als Gemüse zubereiten.

Gebratener Chicorée

Zutaten

für 4 Portionen

8 Chicorée
40 g Weißbrotbrösel
60 g geriebener Parmesan
Pfeffer, aus der Mühle
2 Eier
2–3 EL Mehl
20 g Butter
200 ml Muskateller-Wein
Salz

Zubereitung

> Den Chicorée waschen und putzen.
> Die Weißbrotbrösel mit dem Parmesan vermischen und mit Pfeffer würzen.
> Die Eier verquirlen.
> Den Chicorée im Mehl wenden, durch die Eier ziehen und in den Bröseln wälzen. In einer heißen Pfanne die Butter zerlassen und den Chicorée darin rundherum goldbraun braten.
> Mit dem Wein ablöschen und zugedeckt ca. 15 Min. gar dünsten. Den Chicorée zwischendurch immer wieder mit der Flüssigkeit übergießen.
> Vor dem Servieren mit Salz und Pfeffer abschmecken.

Das schmeckt dazu: Lecker zu Fleisch oder Fisch, mit Kartoffeln – oder einfach auch nur mal so.

Chicorée liebt es dunkel

Chicorée sollte man nicht bei Tageslicht lagern, denn dadurch wird der Bittergeschmack intensiver, außerdem „ergrünt" er. Am besten legt man ihn im Folienbeutel ins Gemüsefach des Kühlschranks – so bleibt er dort bis zu acht Tage frisch. Den besonders bitteren Strunk schneidet man beim Putzen keilförmig heraus. Bei der Zubereitung von Chicorée als Gemüse sind eiserne Töpfe oder Pfannen tabu – darin wird er unappetitlich schwarz.

Beim Einkaufen sollte man darauf achten, dass die Stauden fest geschlossen sind und keine braunen Stellen aufweisen. Chicorée ist reich an Vitamin C, Folsäure (Vitamin B_9) und Betakarotin.

Anbautipps

Beim Anbau im Garten darf kein Licht an die Chicoréepflanzen gelangen – andernfalls bildet sich Chlorophyll, die Pflanzen werden grün und auch ihr Geschmack verändert sich. Sie müssen also – wie Endivie, Knollenfenchel und Lauch – abgedeckt werden. Eine einfache Methode ist, umgestülpte Blumentöpfe über die Pflanze zu setzen und die Drainagelöcher der Töpfe mit kleinen Steinchen zu bedecken. Üblicher ist die Anhäufelmethode. Dazu schiebt man, wenn die Pflanze noch jung ist, die Erde unten um die Stängel zusammen und kontrolliert hin und wieder den „Häufelzustand".

Service

Erntesaison der heimischen Kräuter sowie Obst-, Gemüse- und Salatsorten auf einen Blick

Frühling

	Januar	Februar	März	April	Mai	Juni	Juli	August	September	Oktober	November	Dezember
Bärlauch			X	X								
Blumenkohl					X	X	X	X	X	X	X	
Champignon	X	X	X	X	X	X	X	X	X	X	X	X
Erdbeere					X	X	X					
Frühlingskräuter: Petersilie, Schnittlauch, Kerbel, Pimpinelle etc.				X	X	X	X	X	X			
Holunderblüte					X	X						
Löwenzahn			X	X	X	X						
Mairübchen					X	X						
Meerrettich	X	X							X	X	X	
Radieschen				X	X	X	X	X				
Rhabarber				X	X	X						
Salatgurke					X	X	X	X	X			
Spargel				X	X	X						
Spinat			X	X	X			X	X			

Sommer

Legende:
- Vor- und Nachsaison (hellgrün)
- Hauptsaison (dunkelgrün)

	Januar	Februar	März	April	Mai	Juni	Juli	August	September	Oktober	November	Dezember
Aprikose					V	H	H	H	V			
Aubergine							H	H	H	V		
Beerenobst (Heidel-, Brom-, Stachel-, Johannis-, Him-, Walderdbeere)						V	H	H	V			
Bohne						V	H	H	H	V		
Erbse						H	H	V				
Fenchel						V	H	H	H	H	V	
Frühlingszwiebel/Lauchzwiebel					V	H	H	H	V			
Kapuzinerkresse							H	H	H			
Kirsche						V	H	H	V			
Mais							V	H	H	V		
Mirabelle								H	H			
Möhre						V	H	H	H			
Paprika							H	H	H			
Pfirsich							H	H	H			
Rucola/Rauke						V	H	H	H			
Sommerkräuter: u. a. Basilikum, Dill, Minze, Rosmarin, Salbei, Thymian					V	H	H	H	V			
Sommersalate: Eichblatt, Kopf, Lollo Rosso, Radicchio						V	H	H	H			
Tomate							H	H	H			
Zucchini						V	H	H	H			

Herbst

	Januar	Februar	März	April	Mai	Juni	Juli	August	September	Oktober	November	Dezember
Apfel								■	■	■	■	■
Artischocke								■	■	■	■	
Birne								■	■	■	■	■
Brokkoli							■	■	■	■	■	■
Endivie						■	■	■	■	■	■	■
Esskastanie								■	■	■	■	■
Feige/Kiwi									■	■	■	■
Feldsalat	■	■								■	■	■
Hagebutte									■	■	■	
Kartoffel							■	■	■	■	■	■
Knollensellerie								■	■	■	■	■
Kürbis								■	■	■	■	■
Lauch/Porree							■	■	■	■	■	■
Mangold						■	■	■	■	■	■	■
Nüsse									■	■	■	
Pflaume							■	■	■	■	■	
Quitte									■	■	■	
Weintraube									■	■	■	
Zwiebel								■	■	■	■	■

Winter

	Januar	Februar	März	April	Mai	Juni	Juli	August	September	Oktober	November	Dezember
Chicorée	H	H								V	H	H
Grünkohl	H	H									V	H
Kohlrabi					V	H	H	H	H	H	V	
Pastinake	H	V							V	H	H	H
Rosenkohl	H	H	V							V	H	H
Rote Bete	H						V	H	H	H	H	H
Rotkohl	H					V	H	H	H	H	H	H
Schwarzwurzel	H	H	V							V	H	H
Steckrübe	H	H							V	H	H	H
Weißkohl/Spitzkohl	H	H			V	H	H	H	H	H	H	V
Wirsing	H	V				V	H	H	H	H	H	H

Vor- und Nachsaison	
Hauptsaison	

Schnell nachgeschlagen

BILDNACHWEIS

Flora Press: Seite 122/123 Martin Hughes-Jones

mauritius images: Seite 4 l. und 5 l. foodcollection, 6/7 Peter Lehner, 10/11 foodcollection, 11 o. Frigesch Lampelmayer, 11 u. Josefine Clasen, 12/13 foodcollection, 16 Westend61, 17 foodcollection, 22/23 Alamy/garfotos, 28 foodcollection, 30/31 Westend61/Sandra Roesch, 45 Josefine Clasen, 48 und 60 o. foodcollection, 62 u. Frigesch Lampelmayer, 64/65 United Archives, 75 u. foodcollection, 76/77 sombraluz/C. Nidhoff-Lang, 90 foodcollection, 92/93 Chromorange/Martina Rädlein, 102/103, 104/105, 106 M., 111 und 117 foodcollection, 128 Josefine Clasen, 132/133 Alamy/Andrea Heselton, 144/145 McPHOTO/Hans-Roland Mueller, 164/165 Garden World Images/Gilles Delacroix, 167 foodcollection

Katrin Schmelzle: Seite 27 o., 37 o., 43, 103

Shutterstock: Umschlag Oleksandra Naumenko, Seite 1 Valentina Razumova, 2/3 13Smile, 4 r. KatyaPulina, 5 r. TGTGTG, 8/9 Diana Taliun, 9 o. r. eugenegurkov, 11 M. Julia Sudnitskaya, 14 o. r. Christian-Fischer, 14 u. l. Olga Pishchulina, 14 u. r. thodonal88, 15 Julia Metkalova, 18 thodonal88, 19 Magnago, 20 Olga Pishchulina, 21 Anna Pustynnikova, 24 aliasemma, 25 lcrms, 26 Liliya Kandrashevich, 27 u. LENA GABRILOVICH, 28/29 Menna, 29 o. Vania Tonova, 29 u. minadezhda, 32 Elena Veselova, 33 Jiri Hera, 35 Christian-Fischerm, 37 u. Handmade-Pictures, 39 TunedIn by Westend61, 44 Julia Metkalova, 47 sarsmis, 50/51 KatyaPulina, 52 o. Liv friis-larsen, 52 M. Bildagentur Zoonar GmbH, 52 u. l. Valentina Razumova, 52 u. r. sarsmis, 53 vincent noel, 54 sarsmis, 55 Nesterenko Maxym, 56 marco mayer, 57 Ozgur Coskun, 58 MShev, 59 vincent noel, 60 l., u. und 61 u. Valentina Razumova, 61 o. Liv friis-larsen, 62 o. Lampas Azami, 63 o. Julia Sudnitskaya, 63 u. Valentina Razumova, 67 Ozgur Coskun, 69 almaje, 71 rouille-et-patine, 72/73 Stolyevych Yuliya, 73 Regreto, 74 Bildagentur Zoonar GmbH, 75 o. Agenturfotografin, 78 5PH, 79 AS Food studio, 80 ND700, 81 5 second Studio, 82 zoryanchik, 83 Agnes Kantaruk, 84 u. Scisetti Alfio, 87 Kerdkanno, 88/89 Joshua Resnick, 89 Elena Veselova, 91 o. Romrodphoto, 91 u. Kavee Vivii, 94 Ildi Papp, 94/95 u. Lepas, 95 o. Elena Veselova, 96/97 sarsmis, 97 P-fotography, 99 u. thodonal88, 106 o. Olga Miltsova, 106 u. l. Nedim Bajramovic, 106 u. M. exopixel, 107 Binh Thanh Bui, 108 jiangdi, 110 u. Nedim Bajramovic, 113 o. JIANG HONGYAN, 113 u. yuris, 115 Africa Studio, 119 o. PosiNote, 119 u. Lisovs-

kaya Natalia, 120 Lukas Gojda, 121 AnjelikaGr, 125 kaprik, 126 o. und u. exopixel, 126 M. Nedim Bajramovic, 127 u. exopixel, 129 u. Nataliia Leontieva, 130 Olga Miltsova, 131 PHB.cz (Richard Semik), 135 u. Artem Samokhvalov, 137 Oksana Mizina, 138 marco mayer, 139 marylooo, 140 o. Binh Thanh Bui, 142 melnikof, 147 alicja neumiler, 148 N. Mitchell, 150 l. und 151 o. AmyLv, 151 u. Joanna Zopoth-Lipiejko, 153 Stepanek Photography, 154/155 TGTGTG, 156 M. r. Inga Nielsen, 156 u. l. kaiskynet, 157 Anna Sedneva, 159 Africa Studio, 160 u. kaiskynet, 162 Anna Sedneva, 166 u. Nongnut Moijanghan, 168 Jiri Hera, 171 u. SOMMAI, 172 Teri Virbickis, 172/173 Dar1930, 177 vasanty, 181 TGTGTG, 182/183 SMarina, 184/185 iiiphevgeniy, 186/187 images72, Rückumschlag Julia Metkalova

StockFood: Seite 9 o. l. Diana Miller, 14 o. l. Julia Hoersch, 34 Klaus Arras, 36 M. Brauner, 38 Chris Meier, 40/41 Uis Diak, 42/43 Wolfgang Pfannenschmidt, 46 Julia Hoersch, 49 Jan-Peter Westermann, 66 Andrew Young, 68 Stephen Conroy, 70 Barbara Bonisolli, 84 o. Michael Wissing, 85 Oliver Brachat, 86 Tara Fisher, 98 Jörg Lehmann, 99 o. FoodPhotographie Eising, 100 P. Nilsson, 101 Imagerie, 106 u. r. Jan-Peter Westermann, 109 Michael Brauner, 110 o. FC/Craig Holmes, 112 Michael Wissing, 114 Westermann & Buroh Studios GbR, 114/115 Fotos mit Geschmack, 116 FoodPhotographie Eising, 118 Jan-Peter Westermann, 124/125 Martina Schindler, 127 o. Diana Miller, 129 o. Beata Polatynska, 134 PhotoCuisine/Pierre Louis Viel, 135 o. Jan-Peter Westermann, 136 Feiler Fotodesign, 140 u. Klaus Arras, 141 Z. Sandmann/Westermann, 143 Jalag/Grossmann-Schürle, 146/147 Eising Studio - Food Photo & Video, 149 Martina Urban, 150 r. Jan-Peter Westermann, 151 M. Aniko Meneghinine Szabo, 152 PhotoCuisine/Jean-Christophe Riou, 156 o. Sporrer/Skowronek, 156 M. l. Mario Matassa, 156 u. r. Bauer Syndication, 158 Jörg Lehmann, 160 o. Studio R. Schmitz, 161 Sporrer/Skowronek, 163 Mario Matassa, 166 o. Charlotte Tolhurst, 169 Bauer Syndication, 170 Castilho Rua, 171 o. Teubner Foodfoto GmbH, 174 Harry Bischof, 175 Tanja Major, 176 Jan-Peter Westermann, 178/179 FoodPhotographie Eising, 179 und 180 Harry Bischof

Impressum

Die in diesem Buch enthaltenen Empfehlungen und Angaben sind von den Autoren mit größter Sorgfalt zusammengestellt und geprüft worden. Eine Garantie für die Richtigkeit der Angaben kann aber nicht gegeben werden. Autor und Verlag übernehmen keine Haftung für Schäden und Unfälle. Bitte setzen Sie bei der Anwendung der in diesem Buch enthaltenen Empfehlungen Ihr persönliches Urteilsvermögen ein. Der Verlag Eugen Ulmer ist nicht verantwortlich für die Inhalte der im Buch genannten Websites.

Bibliografische Information der Deutschen Nationalbibliothek
Die Deutsche Nationalbibliothek verzeichnet diese Publikation in der Deutschen Nationalbibliografie; detaillierte bibliografische Daten sind im Internet über http://dnb.d-nb.de abrufbar.

© 2017 Eugen Ulmer KG
Wollgrasweg 41, 70599 Stuttgart (Hohenheim)
E-Mail: info@ulmer.de
Internet: www.ulmer-verlag.de
Projektleitung: Andrea Keller
Texte: Katrin Schmelzle, Guido Huß, Frank Müller, Birgit Wüller
Redaktion: red.sign, Stuttgart
Lektorat: Gabi Franz
Satz und Gestaltung: red.sign, Anette Vogt, Susanne Junker, Stuttgart
Bildredaktion: red.sign, Anja Schlatterer, Michaela Salden, Stuttgart
Titelgestaltung: red.sign, Anette Vogt, Stuttgart
Reproduktion: timeRay visualisierungen, Jettingen
Druck und Bindung: Firmengruppe APPL, aprinta druck, Wemding
Printed in Germany

ISBN 978-3-8186-0113-3